まるごとガイドシリーズ❽

資格のとり方・しごとのすべて

臨床心理士・公認心理師
[りんしょうしんりし・こうにんしんりし]
まるごとガイド

亀口憲治／監修

ミネルヴァ書房

はじめに

　私が臨床心理学に関心を持ち始めたのは、高校2年生の時でした。精神科医のフロイトが書いた無意識や日常生活での失策行為についての本を読み、大いに知的好奇心を掻き立てられたのです。進路選択で、経済的な理由から医学部進学を断念した頃でした。当時の受験雑誌で、九州大学教育学部の教育心理学専攻では精神分析やカウンセリングを学べることを知りました。この分野であれば、医師でなくとも心理療法を実践できそうだと考え、進学を決意したのです。ちょうど50年前のことです。

　その後、福岡教育大学や東京大学で教鞭をとり、現在も国際医療福祉大学大学院で臨床心理士を養成する仕事を続けています。70歳近くになって、本書のような若者向けのガイド本を監修することになったのも、不思議なめぐり合わせです。私自身の体験から、臨床心理士という職業は一生を賭けるに値するものだと断言できます。現代の臨床心理学では、個人の悩みの軽減だけでなく、複雑化する人間関係の改善や家族・地域社会が抱える問題にも、有効に対処できる専門性が蓄積されてきているからです。

　本書が刊行される2016年4月の時点で、臨床心理士の有資格者は優に3万人を超すことになります。やがて国家資格としての公認心理師も加わり、わが国の心理職の社会的基盤はさらに強化されることでしょう。熱意ある多くの若者がこの分野をめざすことを心から期待しています。

国際医療福祉大学大学院教授
亀口憲治

もくじ

●プロローグ

STEP 1　この本を手に取ったあなたは、どんな人でしょうか ── 6
STEP 2　臨床心理士の実際の仕事ぶりを知ってください ── 8
STEP 3　あなたらしいスタートを切るために、この本を役立ててください ── 10

　「臨床心理士」は心の問題の専門家です

1. 人が「その人らしく」生きられるよう心の問題に取り組む ── 14
   - インタビュー1　教育相談に携わる臨床心理士にきく／相談者が自らの思いを表現できるよう配慮しながら面接します ── 16
   - ●メモ1　心の問題に携わる関連資格は？ ── 19
2. 4つの専門的な技術を用いて心に問題をかかえた人を援助します ── 20
3. 人の心の問題に取り組む専門職として高いレベルでの倫理観が求められます ── 24
   - インタビュー2　臨床心理士養成の指導者にきく／的確な支援のためには心理職の自己理解が必要です ── 26
   - ●メモ2　心理療法にはどんなものがあるの？ ── 29
4. 臨床心理士になるには指定大学院で学び資格試験を受ける ── 30
   - ●メモ3　公認心理師ってどんな資格？ ── 32
   - ●立ち止まってチェック！　あなたにはある？　臨床心理士になる資質 ── 33

第2章 活動の場は多方面にわたります

1. 医療・保健分野で心理相談を行う ── 36
   - ルポ1 医療スタッフとともに働きつつ臨床心理士ならではの役割を果たす ── 38
2. 学校で、そして地域で子どもの発達や学習に関する諸問題に対応 ── 42
   - ルポ2 「チーム学校」の一員として子どもとその保護者を教員とともにサポート ── 44
3. 福祉施設などで、あらゆる人が社会で自分らしく生きていけるよう支援 ── 48
   - ルポ3 保育士や保護者と連携しながら障害のある子ども一人ひとりの特性をふまえた支援を ── 50
4. 産業・労働分野で働く人のメンタルヘルスを守る ── 54
   - ルポ4 悩みをかかえる会社員のケアだけでなく管理職や組織全体への助言など予防的なサービスも実施 ── 56
5. 司法・法務・警察などの領域にも活躍の場が ── 60
6. 大学院での研究や後進の指導に携わる人も ── 62
   - ●メモ4 発達障害児に対する支援はどのようなもの？ ── 64
   - ●立ち止まってチェック！
     臨床心理士の職場がわかった？ ── 65

第3章 職業生活の実際は……

1. どのような場所や条件で働いているの？ —— 68
   - ルポ5　法務技官として、少年自身が自らの内面と向き合えるように援助。地域住民の心理相談にも尽力したい —— 72
   - インタビュー3　私設相談室を運営する臨床心理士にきく／「自分の臨床」をするため自宅を私設相談室に —— 76
2. 精神的な満足度は？ —— 78
3. 求職活動の実際は？ —— 80
   - ●メモ5　資格取得後の学びとしてはどのような機会があるの？ —— 82
   - ●立ち止まってチェック！
     臨床心理士の仕事はイメージどおり？ —— 83

第4章 臨床心理士の、そしてあなたの将来は？

1. 心の専門職として他の専門職を支援 —— 86
   - ルポ6　保育園や乳児院のコンサルテーションなど子育て支援の現場で臨床心理士の活動を創造する —— 88
2. 地域住民をはじめ多くの人の心の健康を守る —— 92
   - インタビュー4　地域支援に携わる臨床心理士にきく／心理職としての可能性を広げていきたい —— 94
   - ●メモ6　デイケアなどグループが対象のときはどんな支援をしているの？ —— 97

3. 広がる・広げる心理職の活躍の場 —— 98
  ● メモ7　児童虐待の予防にはどのようにかかわっているの？ —— 102
  ● 立ち止まってチェック！
    臨床心理士の将来像が見えた？ —— 103

第5章 あなたに合った資格の取り方を見つけましょう

1. 中学生・高校生のあなたは —— 106
2. すでに大学を卒業している・方向転換を考えているあなたは —— 108
3. 大学院で学ぶこと —— 112
   ルポ7　臨床心理士の資格取得のため大学院での研究や実習のほか心理職関連のアルバイトにも打ち込む —— 114
4. 資格認定試験についても知っておこう —— 118
   ● 立ち止まってチェック！
     あなたに合った資格取得のルートは？ —— 120

●役立ち情報ページ

臨床心理士試験の受験資格が取れる学校リスト —— 122
　○第1種指定大学院　○第2種指定大学院　○専門職大学院
問い合わせ先 —— 129
　○公益財団法人日本臨床心理士資格認定協会
就職先を探すリスト —— 129
　○おもなハローワーク　○福祉人材センター　○福祉人材バンク

プロローグ

STEP 1 この本を手に取ったあなたは、どんな人でしょうか

　この本のタイトルにある「臨床心理士・公認心理師」という資格が目に留まったあなたは、どんな人でしょうか。
　大学進学を控え、これから学部選択をしようとしている中高生？
　それとも、すでに心理学を学び始め、さらに深く学ぶことを考え始めている大学生でしょうか。
　10代で心理学や心理職に興味を持つ場合、自分自身の心について悩んだり、疑問を持ったりしたことがきっかけになることが多いようです。友人関係などで「なんで自分はだめなのだろう」「生きていてもしょうがない」「あの人は自分のことを嫌いなのだろうか」などと心に傷を負う体験をして、その傷を「どう修復できるのか」考えをめぐらせるうちに、心理学に出会うようです。あるいは、友人関係や親子関係で悩み、スクールカウンセラーに相談したことをきっかけに、心理職に興味を持つ人もいることでしょう。
　一方、いったん別分野の職業についた社会人が、自分の職務に打ち込むうちに心理学に興味を持つこともあるでしょう。例えば、弁護士や医師など専門性の高い職業につき、そこで心の問題について学ぶ必要性を感じて、大学院に入り直し、臨床心理学の世界に分け

入る人も珍しくありません。

　学生、社会人など、老若男女問わずさまざまな人から注目されている心理職。現在、日本では、心の問題に取り組む心理職について、医師や弁護士のように資格の必要性が法律で定められているわけではありません。とはいえ、心の問題を扱う現場では、高い専門性が求められていることもまた事実です。

　そこで、その専門性を持っているというひとつの指標となっているのが臨床心理士の資格です。臨床心理士は、内閣総理大臣所管の公益財団法人日本臨床心理士資格認定協会が実施する試験に合格し、認定を受けることで取得できる「心理専門職の証」ともいえる資格です。医療や教育、福祉などさまざまな分野では、臨床心理士の資格を持っていることを要件とする職場は珍しくありません。

　また、2015年に国家資格化が決まった公認心理師も、その活躍範囲は未知数ながら、注目が集まっています。

　この本では、臨床心理士の仕事の内容や活躍ぶり、資格の取り方を中心に紹介します。また、公認心理師の最新情報や今後の見通しについても可能な限り紹介します。

STEP 2 臨床心理士の実際の仕事ぶりを知ってください

教育・福祉

教育相談室の臨床心理士

中川真美さん
→インタビュー1

療育に携わる臨床心理士

渡邊真伊さん
→ルポ3

スクールカウンセラー

江川知子さん
→ルポ2

子育て支援に携わる臨床心理士

青木紀久代さん
→ルポ6

養成校の教授

亀口憲治さん
→インタビュー2

私設相談室の臨床心理士

大塚充さん
→インタビュー3

カウンセラーとして、病院の精神科や学校の相談室で、悩む人の相談にのる……そんなイメージが持たれがちな心理職。もちろんそれは間違いではありませんが、臨床心理士をはじめとする心理職の活躍の場や仕事の内容は、ほかにもたくさんあります。教育や医療のほかにも、福祉分野、産業・労働分野、司法・法務・警察分野、研究など多岐にわたります。そこで、それぞれの分野での臨床心理士の活躍ぶりをルポやインタビューで紹介しています。実際の仕事ぶりを知る、手がかりとなることでしょう。

医療

病院勤務の臨床心理士
近藤真木さん
→ルポ1

産業・労働

EAPコンサルタント
山川誠司さん
→ルポ4

病院勤務の臨床心理士
厚坊浩史さん
→インタビュー4

法務技官
髙須賀雅美さん
→ルポ5

大学院生
小野島萌さん
→ルポ7

臨床心理士の実際の仕事ぶりを知ってください

STEP 3 あなたらしいスタートを切るために、この本を役立ててください

臨床心理士の資格取得者数は、2015年4月1日現在で、累計2万9690名。これだけたくさんの人が資格を取得しているにもかかわらず、「何を学び、どうすれば臨床心理士の資格が取れるのか」がしっかりと知られていないのが現状です。

そこでこの本では、臨床心理士の資格の取得法などについて、ひととおりわかるようにしました。

第1章では、臨床心理士の資格の概要や、どのような技術を用いて仕事をしているのか、どのような能力が求められているのかといったことについて説明しています。また、章の最後の「メモ」では、公認心理師の概要についても触れています。

臨床心理士がどんなフィールドで活躍しているかについては、第2章をご覧ください。医療、教育、福祉など、よく知られている分野の仕事はもちろん、産業・労働や司法・法務・警察などといった、学生にはあまり知られていない分野での仕事ぶりについても紹介しています。

資格を得た人がどのように求職活動を行い、どのような雇用形態で働き、どんなことにやりがいを得ているかといったことについて

は、第3章に載っています。現状では経済的な安定を得ることは簡単ではないものの、多くの臨床心理士がやりがいを感じながら働いていることがわかるでしょう。

　第4章では、臨床心理士のさらなる活動が期待されているフィールドなど、今後の展望について述べています。

　そして、第4章までを読んで、臨床心理士や公認心理師への思いを強くしたのなら、具体的な資格取得までの方法を記した第5章をご覧ください。さしあたって自分がどこで何を学ぶべきかがわかることでしょう。巻末には、どこの学校で学べば臨床心理士の資格取得に近づけるのか、リストを掲載しましたので参考にしてください。

　混迷を極める社会で、心に問題をかかえながら生きようとする現代人。その一人ひとりがその人らしく生きられるよう、心理職としてサポートする……。それを実現するには、心の問題に対する深い知識と専門技術はもちろんのこと、多様な文化への寛容さ、社会問題への幅広い関心なども必要になってきます。この本が、さまざまな学びのきっかけになれば幸いです。

あなたらしいスタートを切るために、この本を役立ててください

プロローグ

```
            ┌─────────────┐
            │  プロローグ  │
            └──────┬──────┘
                   │ ──── あなたはいまここ!!
┌───┐ ┌─────────────┐      ┌──────────────┐
│第1章│ │ 資格のあらまし │      │心の問題に向き合│
└───┘ └──────┬──────┘      │う仕事に興味がわ│
             │              │いてきた        │
             ▼              └──────────────┘
┌───┐ ┌─────────────┐
│第2章│ │ 職場のいろいろ │
└───┘ └──────┬──────┘
             ▼
┌───┐ ┌─────────────┐
│第3章│ │   働く現実    │
└───┘ └──────┬──────┘
             ▼
┌───┐ ┌─────────────┐
│第4章│ │ 将来の可能性  │
└───┘ └──────┬──────┘
             ▼
┌───┐ ┌─────────────┐
│第5章│ │ 進路の選び方  │
└───┘ └─────────────┘
```

「臨床心理士」は心の問題の専門家です

心理的問題をかかえた人に寄り添い、
専門的なアプローチをしていくのが臨床心理士の仕事です。
より複雑化が進む現代社会の中で求められることは、
どのようなことでしょうか。
まずは、臨床心理士のあらましを知っておきましょう。

第1章
1.
人が「その人らしく」生きられるよう心の問題に取り組む

●心の専門家、臨床心理士の誕生

　皆さんは、「心理カウンセラー」「心理相談員」といった職業を耳にしたことがあるのではないでしょうか。また、憧れを抱いている人もいることでしょう。かつての日本では、こうした心理職について資格の規定があるわけではありませんでした。というのも、昭和の中頃までは、誰かが心に問題をかかえていても、多くの場合は家庭や地域の年長者などが、昔ながらの日本的な価値観をもとに集団内の人間関係を調整するなどして、問題を改善・軽減することが可能だったからです。欧米諸国では第二次世界大戦後の早い段階で心理職の資格が認定され始めた頃の状況と比べると、日本では心理職にそれほど専門性が求められなかったといえます。

　しかし、日本でも個人主義的な考えが強まり、また価値観の多様化や科学技術の発達、核家族化の進行などにより、心理的課題をかかえる人は増え、専門的な知識やものの見方、そして技術を持った心理職の援助がじょじょに求められるようになってきました。そうした状況を反映して、日本心理臨床学会を中心とする16の心理学の学会が、共同で心理職の資格をつくろうということになりました。そして、1988年に誕生したのが、臨床心理士なのです。

●医師の「治療」とは異なるアプローチ

　臨床心理士は、臨床心理学をベースとした知識や技術を用いて、人の心の問題に取り組む、「心の専門家」です。では、臨床心理士の仕事内容と精神科医の仕事内容とは、どのように違うのでしょうか？

臨床心理学
個人が心理面でその人らしく過ごせるよう援助する、その方法や考え方を実践的・理論的に探究する学問。

クライエント
臨床心理学では、援助を求める人のことを、必ずしも医学的な病人ではないことから、「患者」ではなく「クライエント」「相談者」「来談者」などと呼ぶ。

まず、精神科医は、医師として心の病気（精神疾患）かどうかを「診察」し、投薬などの「治療」を行います。診察や治療行為ができるのは医師に限られると法律で定められているのです。

一方、臨床心理士は、心の問題をかかえている相談者（クライエント）を対象にしていますが、「治療」は行いません。臨床心理士は、「疾患の治療」ではなく、次のページで紹介する4つの専門技術（心理査定、心理面接、地域援助、調査研究）を用いながら、心の問題の解決または改善・軽減をめざします。これらの専門領域については、P.20でご説明します。

また、臨床心理士は医師と違って、そもそも心の問題が必ずしも「悪い」ものとは限らない、という立場を取ります。臨床心理士は、クライエント一人ひとりの多種多様な価値観を尊重しながら、あくまでも「その人らしい」「その人にとって望ましい」生き方ができるよう支援する専門家なのです。

そして、支援の際には、医師をはじめ他の専門職と連携を取り合い、それぞれの専門性を尊重し合いながらクライエントをサポートします。

●公的な場でも活躍が始まる心理職

心の問題は人生のあらゆる場面で起こりうるものですから、心理職の支援もまた、あらゆる場面で必要とされます。そのため臨床心理士は、第2章でご紹介するように、医療、教育、福祉、産業など、多くの分野でその専門性を発揮しています。これまでの臨床心理士の活躍により、心理職の必要性が公的に認知されるようになってきました。

例えば1995年からは、当時の文部省（現文部科学省）の指示により、全国の公立小中学校にスクールカウンセラーが配置されるようになりました。その中核を担っているのが臨床心理士なのです。

1999年からは、乳児院や児童養護施設で、心理職の配置が制度化されました。産業分野では、2015年12月から、従業員50名以上の職場でストレスチェックが法律で義務づけられました。また、公認心理師（P.32を参照）という国家資格が誕生したのも、臨床心理士の活躍が認められ、心理職の専門性を活かす制度的な裏付けの必要性が求められるようになったからこそなのです。

人が「その人らしく」生きられるよう心の問題に取り組む

〈インタビュー1〉

教育相談に携わる臨床心理士にきく
相談者が自らの思いを表現できるよう配慮しながら面接します

話をきいた人●中川　真美さん

――教育分野の心理職をめざした理由を教えてください。

　最初から心理職志望だったわけではありません。大学時代は農学部で学び、卒業後は高校の講師に。そこで、発達障害をもつ生徒と出会ったことで心理学に興味を持つようになり、臨床心理学を学べる大学院を受験し直しました。

　大学院では、実習などを通じて、特に教育分野に興味を持つようになりました。子どもが好きということが大きかったと思います。数年後に精神科クリニックに勤務を始めてからは、発達障害の二次障害などでつらい思いをしている成人の相談者に接していて「この人が子どもの頃から適切な支援を受けていれば、こんなにつらい思いをすることはなかったのでは」と考えさせられることが多くあり、子どもにかかわっていきたいという思いがさらに強まりました。子どもの心は可能性、可塑性に満ちていて、幼少期から支援を受けている人ほど、周囲の支援を上手に受けて社会に適応できることが期待できますので、その手伝いができれば、と思っています。

――現在、市の教育相談室で教育相談に携わるほか、スクールカウンセラーもなさっています。仕事内容に違いはありますか。

　スクールカウンセラーは「学校で、悩みのある児童・生徒の相談にのってくれる人」というイメージだと思います。一方、自治体などが運営する教育相談室は学校とは別の場所にあり、教育に関する保護者や子どものさまざまな悩み

について相談にのっています。また、保護者の要望があれば、心理検査や発達検査を行うこともあります。教育相談では、まず保護者が電話で申し込みのうえ、保護者のみ、あるいは保護者と子どもが来所します。学校の先生やスクールカウンセラーにすすめられて来る人も多いです。というのも、スクールカウンセラーの勤務は週1回で、長期休みもある学校では定期的に深く対応することがむずかしいということで、教育相談室がすすめられることもあるようです。

相談内容で多いのは、「不登校」や「発達障害の疑い」、いじめを含む「友人関係の悩み」などです。学校とは別組織であるため、学校には相談しづらい悩み、例えば「先生との関係で困っている」「学習についていけない」といった内容も目立ちます。その他、子どもまたは親自身が精神面で悩みをかかえているけれど、いきなり精神科を受診するのはハードルが高いので、医療機関に行ったほうがよいのかどうかを相談したい、という人もいらっしゃいます。

── **教育相談はどのような流れで始まりますか。**

電話で申し込みを受けた際、お困りの問題の概要や相談の動機などをお聞きし、それをもとに、初回は受付面接を行います。基本的には、親子別々の部屋で、別の担当者が対応します。それぞれ、相手の前では話しにくいこともありますし、子どももそのほうが話しやすいこともあるからです。受付面接では、「何に困っているか」「この支援でどうなりたいのか、何を目標とするか」もさぐります。「発達に課題がないか検査をして、どのような支援が受けられるか知りたい」「学校に行けない子どもにどう対応したらよいか相談したい」などです。相談では心理職として確認したいことをおさえつつ、相談者が自分の気持ちに気づき、表現できるよう配慮しています。子どもの場合は、言葉での表現がむずかしい場合も多いので、おもちゃを用いた「プレイセラピー」でかかわりながら、行動や表情から思いや考えをくみとるアンテナが必要です。

── **どのような時間、頻度で相談業務を行いますか。**

相談の時間は1回45～50分で、私の場合、1日あたり3～4ケース受け持つことが多いです。対面相談のない時間は、電話相談を受けたり、対面相談の記録作業を行ったり、自分の担当ケースについて同僚と話し合ったりしてい

なかがわ　まみさん
小平市教育相談室勤務。1979年生まれ。06年東京大学大学院教育学研究科修士課程修了。07年臨床心理士資格取得。教育相談室のほか、スクールカウンセラーやメンタルクリニックの心理職としても活躍中。

ます。ちなみに、1組あたりの相談回数は、短いと3回。受付面接のあと、2回目で検査、3回目で結果をフィードバックして終了というパターンです。その一方で、数年がかりになるケースもあります。
　——相談室には、臨床心理士のほかにどのような相談員がいますか。
　相談に対応するのは、臨床心理士のほか、教職経験のある人も。それぞれの専門性を活かし、学校との関係や学習面の課題などの相談は教職経験者が対応し、子どもや保護者の心理的な問題が大きいと思われる時は臨床心理士が対応する、というように、役割をおおまかに分担することも多いです。
　——発達検査・心理検査をすることはあるのですか。
　教育相談室では、あります。発達検査は、私がつとめ始めた頃より件数が増えています。学校の教員や保護者のあいだで発達障害に対する認知度が高まっているからでしょう。なお、心理職は、検査は行っても、病名の診断はできません。検査結果を伝える際は、本人がどのような発達のかたよりを持っているのか、得意なことや伸ばしていきたい長所と、苦手なこととその対応法を、前向きに伝えるよう心がけています。それに対して、保護者の方から「病気や障害について診断をはっきりさせたい」「衝動性が強いので薬の処方を受けたほうがいいだろうか」という相談があれば病院を紹介します。その他、公的な支援、自助団体や民間の支援機関を紹介することもあります。
　——学校など他機関と連携することは。
　他機関との連携もあります。例えば、いじめの問題で具体的に人間関係に介入が必要なら、保護者の了承を得たうえでスクールカウンセラーや担任につなぎ、情報を提供。そして教育委員会にも報告します。
　——うまくカウンセリングができているか悩むことはありますか。
　私が働く教育相談室では、主任相談員兼スーパーバイザー（指導者）がいるので、何か困ったことがあれば相談できます。また、学生時代の仲間同士でケース検討会を開くこともありますし、恩師などに指導を受ける人もいます。学生時代から先生や仲間との信頼関係を構築しておくと心強いでしょう。さまざまなつながりを大切にして、心理職として向上していきたいですね。

（取材は2015年9月）

[心の問題に携わる関連資格は?]

answer

活躍の場が多様なのでさまざまな資格があります

　心理職の活動範囲は多岐にわたるため、「臨床心理士」の資格だけをよしとせず、さらに各分野で研鑽を深め、その分野でより専門的に活躍できることを示す資格を取得する人も数多くいます。また、心理職の近接領域として、心の問題をかかえた人の社会環境を整えるための資格もあります。

〇産業カウンセラー
【資格の概要】
企業や組織で働く経営者や労働者、その家族を対象に、カウンセリングやコンサルテーション（P.23を参照）、教育などを実施。快適な職場環境づくりに寄与することをめざす資格です。
【認定団体】日本産業カウンセラー協会

〇家族心理士
【資格の概要】
心の問題の背景に家族関係のこじれなどがある場合、心の問題が表出した本人だけでなく、その家族も心理的に援助する「家族療法」を行うことがあります。そのために必要な知識や技法を身につけた者であることを示す資格です。
【認定団体】家族心理士・家族相談士資格認定機構

〇精神保健福祉士
【資格の概要】
精神福祉領域のソーシャルワーカー。社会福祉学を学問的基盤として、精神障害者のかかえる生活問題や社会問題の解決のため、援助や、社会参加に向けての支援活動を行います。
【認定】国家資格

第1章
2.
４つの専門的な技術を用いて心に問題をかかえた人を援助します

●目に見えにくい問題に取り組むからこそ専門性が問われる

　心の問題は、援助活動を行ったあとでも、その効果が目に見えにくいという側面があります。今でこそ「不登校」「虐待」「過労死」といったさまざまな心の問題に関連する社会問題が噴出し、心理の専門家の必要性が周知されるようになってきましたが、かつては「心理職に料金を払う必要があるのか」といった風潮さえありました。

　こうした風当たりの厳しい状況下で心理職が活躍していくには、「心の専門家」としての、独自性・専門性を明確にしていく必要がありました。そこで、臨床心理士は経験というあいまいなものに頼った人助けではなく、心理学の知識や考え方、そして心理学にもとづく技法を使って、「専門的に」援助しているのです。臨床心理士の資格を取得するにあたっては、次の４つの専門技術を持つことが求められています。

●専門技術(1)心理査定（心理アセスメント）

　心理査定とは、クライエントの自己理解や支援に役立てるため、さまざまな方法でクライエントの特性や問題の状況、課題などを明らかにすることです。また、クライエントをどのような方法で援助するのが望ましいかを同時にさぐります。

　査定の方法として、具体的には次のようなものがあります。これらをクライエントの状況に合わせて取捨選択しながら実施し、総合的に判断を行います。

アセスメント
査定のこと。クライエントの情報を集め分析し、問題に対して仮説・方針を立てる。データ収集の方法には、面接、観察、検査がある。臨床心理学の研究活動には欠かせないプロセス。

知能検査・発達検査
いわゆる「知能指数」を測定する「田中・ビネー式知能検査」のほか、動作性知能と言語性知能の差など知能のかたよりも把握できる「ウエクスラー式知能検査」も使われる。

【アセスメント面接】

クライエントから、「相談に来た理由」「何がつらいのか（主訴）」「どのような形で解決したいのか」といったことや、人間関係などクライエントを取り巻く社会的状況、家族歴や成育歴などを、言語的なやりとりを通じて聞き出します。

【心理テスト】

知能検査、発達検査、質問紙法、投影法などを使って、クライエントの発達のかたよりや心理状態などを判定します。

【行動観察】

心理アセスメントの場面では、言語的なやりとりと並行して、表情やしぐさ、身なりや話し方といった非言語的なサインも観察する「行動観察」を行い、クライエントの状況を読み取っていきます。

特に、小さな子どもなど自分の状況を言語化しにくい相手の場合は、体調や行動の不具合などを親から聞き出すとともに、おもちゃを置いたプレイルームで子どもがどのようにふるまうかを観察する、といったことが行われます。例えば、体調に問題がないはずなのに、まったくおもちゃで遊ぼうとしないときなどは、心理的な問題があるのではと仮説を立てます。

●心理査定に際しての注意点

心理アセスメントの際に気をつけなくてはならないのは、心理検査などでその人の心のありようが、多くの人の平均像から離れたいわゆる「異常」な状態であるとわかった場合、その異常な状態にどう取り組むかを臨床心理士自らの価値観で決めつけてはいけないということです。

クライエントが心理的な問題を治療などによって克服して社会に適応したいのか、あるいは困難をかかえた状態を「その人らしさ」ととらえ、そのままの状態で地域に溶け込めるよう周囲の環境に働きかけるのか、援助の目標（ゴール）はクライエント本人と話し合って決めなくてはなりません。そして、常に「クライエント自身にとって最善の援助は何か」を模索し続ける姿勢が求められるのです。

質問紙法
紙に書かれた質問に答えてもらい、その人の人格特性の構造を測定する技法。「MMPI」や「矢田部・ギルフォード性格検査」「MPI」等がある。

投影法
「ロールシャッハテスト」「バウムテスト（樹木画）」など。模様を読み取ったり、絵を描いたりするなど、あいまいな刺激にどう反応するかで、被験者の内面を探る方法。

●専門技術(2)心理面接

　クライエント一人ひとりの課題に応じて、心理カウンセリングや心理療法といった臨床心理学的方法を用いて、心理的な問題の克服や困難の軽減をめざすというものです。クライエントの支援の中でも、中心的な専門行為です。

　心理カウンセリングは、皆さんが心理職の仕事を連想する際に、まっさきに思い浮かべる行為でしょう。カウンセリングでは、クライエントのために50分～1時間程度の時間を確保し、「あなたの話を聞きましょう」という空間を作り出します。そして、言語的な応答を通じて、クライエントの訴えたいことをその人のペースで話してもらいます。

　それに対して心理職が何をするかといえば、クライエントが整理のつかない自分の心の状態を自己理解できるよう、自尊感情（自信を回復した状態）を取り戻して自己肯定できるよう、自己治癒できるよう対話を進めながら見守ります。必ずしも、知識を提供してアドバイスをするわけではないのです。

　心理療法にあたっては、クライエントの個性やかかえる課題の内容に応じて、さまざまな臨床心理学的技法（精神分析、遊戯療法、クライエント中心療法、集団心理療法、認知行動療法、箱庭療法、臨床動作法、家族療法など）の中から適切と思われるものを選びます（P.29参照）。

　臨床心理士は、こうしたクライエント本人への援助のほかに、クライエントの悩みの解決のために、その人を囲む人たちに働きかけたり、他の専門機関と連携したりすることもあります。

●専門技術(3)地域援助

　臨床心理士の仕事は、個人への個別的な支援にとどまるものではありません。「地域」にも関与することもあります。ここでいう「地域」とは、その言葉から連想される「市区町村」「街」といったまとまりはもちろんのこと、学校や企業といった個人が集まっているあらゆる集団、共同体（コミュニティ）のことをさします。

　集団がかかえる問題に対する支援としては、次のようなものがあります。例えば、いじめや凶悪事件で子どもが犠牲になったとき、被害者だけでなく周辺

【メンタルヘルスとは?】

A 精神的な健康のこと。WHO（世界保健機関）では、「自らの可能性を実現でき、生活上の通常のストレスに対処でき、生産的に実りある活動ができ、共同体に貢献することができる」状態としている。

の関係者への心のケアが必要になることがあります。こういった場合は、教育委員会が臨床心理士に派遣要請をすることがあります。また、震災後には、数多くの臨床心理士が被災者のケアに向かいました。これらの支援活動も、地域援助のひとつの形です。

集団を構成する個々人に、将来的に悩みが生じないよう、心の情報整理や環境調整を行うなどして予防的な働きかけをすることもあります。集団全体のしくみや運営方法を、メンタルヘルスの観点から変えるようコンサルテーションを行う場合もあります。これはコミュニティ全体を考慮した活動ともいえます。

また、一般的な生活環境の健全な発展のために、心理に関する情報を提供する心理教育なども、地域援助の業務に含まれます。

●**専門技術(4)研究活動**

医療の世界では、「根拠にもとづく医療（EBM）」が重要視されるようになっています。臨床心理士による対人援助活動も、主観的な勘や経験にもとづいて行われるのではなく、根拠のある、実証性にもとづいた方法で行われることが求められます。心の問題をかかえる人を援助する技能や知識をより確実なものにするために、そのよりどころとなる調査や研究活動を積み重ねていく必要があるのです。

研究内容として一般的なのは、事例研究です。臨床心理士が現場で実際に対処した事例を取り上げ、その人の心の問題がどのように形成され、臨床心理士がその解決をどのように援助していったかを検証します。

より大がかりな研究もあります。たくさんの人を対象に一定のチェックリストを実施して、うつ状態の特性を解き明かすといったものもそのひとつです。このような研究としては、ある援助方法を、前回とは別条件で実施して比較し、効果にはどのような差があるのか、統計を取って確認を行います。

臨床心理士は、通常の援助活動においても、データにもとづいた「根拠ある」知見を取り入れていく姿勢が必要なのです。

コンサルテーション
他職種がかかえるクライエントの問題に対して、臨床心理士が臨床心理学的側面から助言を行い、早期対処や問題の予防につなげること。

EBM
「evidence-based medicine」、根拠にもとづく医療のこと。個人の経験や勘ではなく、科学的な手法で行われた実験、治療結果の比較に根拠を求めながら、治療や投薬の方針を決める。

第1章 3.
人の心の問題に取り組む専門職として高いレベルでの倫理観が求められます

●専門知識や技能のほかに求められるもの

臨床心理士をはじめとする心理職は、心理査定や心理面接などを行う際、一人でクライエントと向かい合い、「心の専門家」として専門性を発揮することが求められます。そして、とりわけ心理面接では、心理職とクライエントと直接的な人間関係を結びながら、相手の心の問題に取り組んでいかなくてはなりません。

そのため、心理職には、専門的な知識や技能はもちろんのこと、心理職自身の人間性や倫理観が高いレベルで求められるのです。とはいっても、それは「人助けの気持ち」「熱い志」といった個人的な強い思い込みを意味するものではありません。あくまでも、クライエントの心の問題とその解決に責任を負うプロフェッショナルとしての、専門的な資質や能力です。

●臨床心理士が守るべき「倫理綱領」

例えば、公益財団法人日本臨床心理士資格認定協会では「臨床心理士倫理綱領」なるものを定めています。その前文では、「臨床心理士は基本的人権を尊重し、専門家としての知識と技能を人々の福祉の増進のために用いる」とし、そのために「臨床心理士はつねに自らの専門的な臨床業務が人々の生活に重大な影響を与えるものであるという社会的責任を自覚しておく必要がある。したがって自ら心身を健全に保つように努め、臨床心理士に付与される倫理綱領を遵守する義務を負うものである」と定めています。万が一、この倫理綱領に反する行為があった場合は、倫理委員会の審査により、厳重注意、または一定期

基本的人権
人間が当然もっているべき基本的な権利。日本国憲法では、「平等権」、精神や身体の「自由権」、生存権などの「社会権」、「参政権」、裁判を受ける権利などの「請求権」を基本的人権としている。

間の登録停止、登録の抹消などの措置がなされます。

●臨床心理士に求められる責任・技能・秘密保持

　倫理綱領の内容について、さらに詳しくご紹介しましょう。倫理綱領の第1条であげられているのは、臨床心理士の責任についてです。臨床心理士は「来談者等の人権尊重を第一義と心得るとともに、臨床心理士資格を有することにともなう社会的・道義的責任をもつ」とあります。そして、臨床心理士が使う技法については、適切な援助・介入を行うために臨床心理士が知識と技術を研鑽し続けることを求めると同時に、「自らの能力と技術の限界についても十分にわきまえておかなくてはならない」としています。

　また、特に臨床心理士に強く求められているのが、クライエントの秘密の保持です。業務中に知りえたことは、専門家として必要と判断したこと以外は、「他に漏らしてはならない」とされています。

●すべては来談者のために

　心理査定や援助・介入を行う際に注意しなくてはならないのは、「来談者は望んでいるのか」「来談者のためになるのか」という視点です。心理査定は、来談者が望まないのに強制することはできませんし、研究の一環として行う場合でも、来談者や関係者の心身に不必要な負担をかけることで苦痛や不利益をもたらすことは禁じられています。

　また、他者の心の問題に取り組むことは、ともすれば心理職自身の心を揺り動かします。心理職としての仕事が、来談者のためではなく、自身の満たされない心を埋めることに使われる危険性がゼロではないのです。そのため、臨床心理士倫理綱領第5条では、「臨床心理士は自らの影響力や私的欲求をつねに自覚し、来談者の信頼感や依存心を不当に利用しないように留意しなければならない」とし、来談者やその関係者とのあいだで私的な関係を持つことを禁じています。

　ある臨床心理士の方からは、「クライエントに『先生のおかげでよくなりました』と言われるようでは、まだまだである」と自戒する声が聞かれました。まさにこの点に、臨床心理士の心のありようのむずかしさが現れているのです。

人の心の問題に取り組む専門職として高いレベルでの倫理観が求められます

〈インタビュー2〉

臨床心理士養成の指導者にきく

的確な支援のためには心理職の自己理解が必要です

話をきいた人●亀口　憲治さん

—— 心理職として働くために、もっとも必要な資質は何でしょうか。

　共感する力です。わかりやすくいえば、他人の心を大事に思い、どうすればその人が傷つくことを避けられるのか、考え抜く力です。そして、他人の心の痛みを感じるのはもちろんのこと、その心の傷の回復に必要なものは何かを考える力も必要ですね。

—— 世間一般でいう「優しい人」が向いているということですか。

　その解釈だと誤解を招くかもしれません。実際、臨床心理士をめざす人によくある間違いが、「人を助けたい」という気持ちに溺れてしまうことです。単純に「人を助けてあげたい」という援助願望だけでは矛盾が生じ、行き詰まります。この援助願望は、「メサイア（救世主）コンプレックス」といって、人を助けてあげるポジションに立つことで、自分自身が優越感を得ようとしたり、ほめてもらおうとしたりする、間違った姿勢につながりかねません。実は、助けた人に「あなたはすばらしい」と言ってもらうことで自尊感情を満たしたいだけで、救いたいのは他人ではなく自分だったというわけです。当然、相談室で「あなたを助けてあげましょう。さあ、悩みは何ですか？」と迫っても、クライエントは逃げたくなるだけです。相談に訪れるクライエントは、自分の苦しみがうまく表現ができない状態で助けを求めてくるのですから。

—— 「援助願望」「メサイアコンプレックス」にとらわれることなく共感力を

身につけるにはどうしたらいいのですか。

　臨床心理士は、クライエントの自己理解と自己治癒を助けるのが仕事です。しかし、人が自らを変えるのはむずかしいことです。それを支援するには、まず、臨床心理士が、自分自身を客観的に見ようとしなくてはなりません。臨床心理士をめざす人には、自分自身がつらい思いをしたことがきっかけになった人もいらっしゃるでしょう。まずは自分のつらかった過去、そして弱点や欠点を客観的に理解し、見つめてみてください。そして同時に、自分自身を変えようとするときの苦しさも直視するのです。これら作業の際、『なぜそう思うのか』をきちんと言語化し、自分なりの意味づけができるようになると、より望ましいですね。

　そうした作業は苦しいことでしょうが、自分を理解できなければ他者の内面に入ることむずかしいでしょう。クライエントという初対面の人を把握し、理解することは簡単ではないのです。

——なぜ自分を「客観的に」とらえる必要があるのですか。

　臨床心理士がクライエントに向かい合うとき、ただ一緒に泣く「同情」では正しい支援はできません。相手のつらさや苦しさを感じながら、共感しながらも、「見守る」姿勢が必要です。一体化するのは心理職の仕事ではありません。感情移入して相手と同一化しないために、まずは自分を客観的にとらえる必要があるのです。

——人とのコミュニケーションに苦労するタイプの人でも、共感しながら見守る姿勢は、訓練で身につけることができますか。

　「自分は人と話すのがうまくない」というような人でも、相手の話を聞く態度というのは、実習を通じて身につくようになります。心の問題をかかえた人への支援は時間がかかりますし、結果も見えづらいものです。そういう意味では、要領のいい人、損得が気になる人よりも、むしろ「自分は不器用だ」という自覚のある人のほうが粘り強く、息長く、ほかの人の支援を適切に得ながら力をつけていけると思います。

　それに、人間はさまざまですから、どんな人にもその人らしい支援ができる

かめぐち　けんじさん

1948年生まれ。九州大学大学院教育学研究科博士課程全単位修得。東京大学大学院教授などを経て2011年より国際医療福祉大学大学院教授。東京大学名誉教授。家族心理士・家族相談士資格認定機構理事長。

場所や相手が見つかるはずです。ですから、年齢性別を問わず、「やってみたい」と思う人にはぜひチャレンジしていただきたいですね。

── 心理職をめざす高校生は、いまどんなことを学んでおくべきですか。

　心理学の基本について学んでおいてほしいのですが、残念ながら日本の高等学校のカリキュラムに心理学はありません。これが例えばアメリカなら、高校の教育課程で基本的な心理学（ハイスクールサイコロジー）を学ぶ課程があるのですが……。その代わりになるものとしては、社会科の倫理、保健体育の精神的な健康維持の話あたりでしょうか。そういった心理学的要素のあるものには関心を持ってほしいですね。国語でも、人の心にふれた文学作品、夏目漱石の「こころ」などがありますから、深く吟味してください。

　それから、心理学では、数学の確率統計なども使います。「私立文系志望だから数学は受験に使わない」などと捨ててしまわないで、関心を持ってほしいですね。確率統計に限らず、数学的なものの考え方はかなり重要です。ちなみに、臨床心理学の大家である河合隼雄先生は、数学科出身でした。河合先生が心理学者として大成したのは、数学的思考、ロジカルな構成力があったからかもしれません。

── 心理学のほかには、どのようなことに関心を持つとよいでしょうか。

　心理職の仕事の内容から考えると、医学、社会福祉、虐待防止法などの関連法の知識は必要ですね。そして、さまざまな文化の特性、多文化的なものへの関心も持ってほしいです。そして、英語力と母国語の限界と特性を知ること。これは、諸外国の論文から最新情報を集めるためだけでなく、カウンセリングの技法を深めるうえでも必要なことです。そして、教えてもらうのをただ待つのではなく、自分でも学ぶ姿勢が重要なことはいうまでもありません。

── 心理職をめざす人にメッセージをお願いします。

　心理の仕事はすぐに成果が出るものではありませんから、粘り、忍耐力が必要です。その一方で、心のケアの必要な人がいるところならどこでも活躍の可能性があります。目標を高く持ちながら、活躍の場を開拓する心構えでいてくださいね。

（取材は2015年8月）

心理療法には どんなものがあるの？

answer
臨床心理学から生まれた療法として次のようなものがあります

○クライエント中心療法
　人間の主体的な自己実現傾向を信じる療法。カウンセラーはクライエントの話に耳を傾けることで、クライエント自らが問題解決の力を取り戻していくよう支援します。

○認知行動療法
　クライエントの自己回復力の向上を目的とする心理療法。セラピストとクライエントは、対話を通じてクライエントの問題を理解し目標を立て、達成するためにさまざまな技法を用います。セラピストは、傾聴するだけではなく説明や提案をし、クライエントも、話すだけではなく観察や練習などをします。

○遊戯療法（プレイセラピー）
　遊びを媒介手段とした心理療法で、対象は子どもです。子どもをおもちゃのあるプレイルーム（遊戯室）で自由に遊ばせ、心の世界を表現させます。それをセラピストは受容的な精神で見守り、時にはかかわり、心理課題の解決につなげます。

○箱庭療法
　クライエントが、箱庭の中でミニチュアのおもちゃや砂で自由に何かを表現することを通して行う心理療法です。言語的面接や遊戯療法と併用されることが多く、クライエントは子どもから高齢者までさまざまです。

○芸術療法（絵画・音楽など）
　言葉では説明できないクライエントの心の世界や感情を、絵画や音楽、踊りなどの手段を通じて表現してもらい、問題解決の糸口とする方法です。表現手段は本人が選びます。

第1章 4.
臨床心理士になるには
指定大学院で学び資格試験を受ける

●資格試験は筆記試験と面接試験

臨床心理士の資格を取得するには、日本臨床心理士資格認定協会の実施する資格審査に合格しなければなりません。

資格審査は、一次試験（筆記試験）と二次試験（口述面接試験）があります。審査されるのは、臨床心理士が手がける4つの分野、臨床心理査定、臨床心理面接、臨床心理的地域援助およびそれらの研究調査などに関する基礎的知識と技能についてです。

審査が実施されるのは年に一度。例年10月から12月にかけて東京で実施され、毎年約3000名が受験しています。

●受験資格を得るには指定大学院で学んでから

また、資格試験を受けるためには、あらかじめ、下記で紹介する受験資格のうちいずれかを満たしていることが必要です。もっとも一般的な方法は、日本臨床心理士資格認定協会が認可する指定大学院または専門職大学院で臨床心理について学ぶことです。指定学校のリストは、巻末をご覧ください。

(1)第1種指定大学院（修了後の心理臨床経験不要）を修了、受験資格取得のための所定条件を満たしている（「新1種指定校」という）
(2)第1種指定大学院を修了し、修了後1年以上の心理臨床経験を含む受験資格取得のための所定条件を満たしている（「旧1種指定校」という）
(3)第2種指定大学院を修了し、修了後1年以上の心理臨床経験を含む受験資格取得のための所定条件を満たしている（「新2種指定校」という）

⑷協会が認可する第2種指定大学院を修了し、修了後2年以上の心理臨床経験を含む受験資格取得のための所定条件を満たしている(「旧2種指定校」という)
⑸学校教育法に基づく大学院で、臨床心理学またはそれに準ずる心理臨床に関する分野を専攻する専門職学位課程を修了している(「専門職大学院」という)
⑹諸外国で⑴または⑶のいずれかと同等以上の教育歴があり、日本国内で2年以上の心理臨床経験がある
⑺医師免許取得者で、取得後2年以上の心理臨床経験がある

　なお、受験資格で求められる「心理臨床経験」とは、教育相談機関、医療施設、心理相談機関などで心理臨床に関する従業者(心理相談員、カウンセラーなど)としての勤務経験をいいます。原則として有給であることが条件なので、ボランティアや研修員などは認められません。

●5年ごとに資格を更新します

　資格によっては、ひとたび取得してしまえば、一生その資格保持者でいられるものもあります。しかし、臨床心理士は違います。資格取得後、5年ごとに資格を更新していくことが義務づけられています。

　資格を更新するには、所定の研修会への参加や研究論文の公刊などでポイントを取得し、5年間のうちに15ポイント以上取得することが求められます。これを報告することで、引き続き臨床心理士として登録されることになります。もしも、ポイントが足りなかったり、報告義務を怠った場合は、資格登録の一時停止、または資格抹消などの措置がとられます。

　臨床現場では常に専門性が要求されますから、心理臨床能力を維持し続け、さらにはそれを高めていくことが必要です。それゆえに、クライエントに対して質の高い心の支援ができるのです。

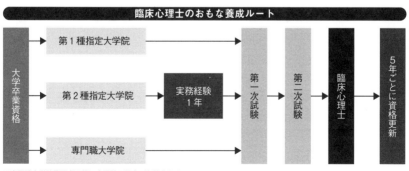

臨床心理士のおもな養成ルート

※専門職大学院修了者は第一次試験の論文が免除される。

メモ 3

[公認心理師って
どんな資格?]

answer

心理職初の国家資格です

　2015年9月、「公認心理師法」が公布され、日本ではじめて法律に明記された心理職の国家資格が誕生しました。「国民の心の健康の保持増進に寄与できる」よう公的な資格が誕生したことで、医療や福祉、教育などの現場で、心理職の採用が今後ますます進むことが期待されています。

○仕事内容
　保健医療、福祉、教育その他の分野において、心理学に関する専門的知識・技術をもって、次のような行為を行います。
・心理に関する支援を要する者の心理状態を観察し、その結果を分析する。
・心理に関する支援を要する者に対して、心理に関する相談に応じ、助言、指導その他の援助を行う。
・心理に関する支援を要する者の関係者に対し、その相談に応じ、助言、指導その他の援助を行う。
・心の健康に関する知識の普及を図るための教育及び情報の提供を行う。

○公認心理師になる方法
　指定試験機関が実施する国家試験に合格後、指定登録機関によって公認心理師登録簿に登録される必要があります。

○国家試験の受験資格(一定期間は経過措置あり)
(1)公認心理師のためのカリキュラムを大学と大学院の両方で、履修・修了した人。
(2)大学で必要科目を履修し、一定期間、一定施設で実務に従事した人。その他、(1)に準ずる人。

●第1章
あなたにはある？臨床心理士になる資質

  以下の項目で、自分にあてはまる、または近いと思うものに○をつけてみましょう。

- （　）聞き上手だと言われる
- （　）粘り強い性格だ
- （　）自分を含め人間の心に興味がある
- （　）小説や映画の登場人物に感情移入できる
- （　）自分の欠点に向き合うことができる
- （　）忍耐力はあるほうだ
- （　）他人の価値観を尊重できる
- （　）柔軟性があるほうだ
- （　）人の役に立てるとうれしい
- （　）いろいろな世代の人と話をするのは苦手ではない
- （　）他人の心の痛みを察することができる
- （　）状況に流されずに物事を客観的に判断できる
- （　）教育関係の仕事に興味がある
- （　）人生には悩みはつきものだと思う
- （　）働く人のメンタルヘルスに興味がある
- （　）責任感は強いほうだ

STEP 2 ○の数を数えてみましょう。
あなたの臨床心理士の資質度は次のとおり。

- **0〜5** もう一度、第1章を読んで、自分の気持ちを確かめて。
- **6〜11** 資質あり。要はやる気次第。
- **12〜16** 資質十分。資格取得に向かってがんばって。

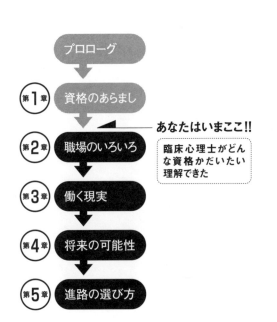

第2章

活躍の場は多方面にわたります

臨床心理士は、いったいどのような職場で
どのように働いているのでしょうか。
医療機関や、学校などの教育機関、福祉施設、一般企業など、
実に、さまざまな現場に広がっています。
その活躍ぶりを各分野ごとに見ていきましょう。

第2章

1.
医療・保健分野で心理相談を行う

●**精神科のほか、さまざまな医療分野での活躍が望まれる**

　臨床心理士のおよそ40％が働くなど、数多くの心理職が活躍しているのが医療・保健分野です（第6回「臨床心理士の動向調査」調査報告書による。日本臨床心理士会調べ）。働いている場所は、病院、診療所（クリニック）、精神保健福祉センター、保健所、保健センター、リハビリテーションセンター、老人保健施設などです。

　医療分野で働く心理職の多くは精神科や心療内科での業務についていますが、活躍の場はここに限定されません。心の問題で日常生活に支障を来たしている人はもちろん、病気やけがで治療をしている人、障害によって心にダメージを受けた人、リハビリに取り組む人、積極的な治療の手立てがない人なども、心理的な援助を必要としています。しかし、実際の医療現場では、医療技術が専門特化していくなかで、心の問題は置き去りにされがちです。そのため、小児科、内科、緩和ケア病棟などの診療科でも、心理職が心のケアを担っています。

●**心理アセスメントや心理療法以外にも役割が**

　医療現場で心理職がどのような役割を担っているのかご説明しましょう。まず、精神科では、おもに医師の指示のもと心理アセスメントや心理療法に取り組みます。リハビリや社会復帰のための精神科デイケアなどを手がけることもあります。また、患者本人だけでなく、家族のための相談や指導、さらに患者にかかわるスタッフへの助言や研修などを行うことも期待されています。

　精神科では、うつ病などの気分障害や統合失調症、依存症、発達障害（P.42

第2章　活躍の場は多方面にわたります

精神科デイケア
精神障害者の社会生活機能の回復を目的として、個々の患者に応じたプログラムに従ってグループごとに実施される治療のこと。

認知症
脳の組織の変化などにより、生後いったんは正常に発達したさまざまな精神機能が慢性的に減退・消失し、日常生活・社会生活を営めなくなる状態のこと。

を参照）などの患者への対応のほか、今後は高齢化の進行とともに認知症の患者への対応も増えていくことが予想されています。認知症は非薬物療法の重要度も高く、心理職の活躍が期待される分野です。

小児科では、障害の疑いのある子の心理検査や発達検査などのほか、育児に不安をかかえる保護者のケアや助言なども担います。

総合病院では、精神科以外の部門でも、治療に対して不安をかかえる患者本人へのケア、担当スタッフへの接し方の相談助言なども担うことがあります。特に不妊、妊娠中や産褥期、がん、HIV、終末期にある患者などは専門的な知識にもとづく心理ケアが必要とされている分野です。

● 保健分野では

保健所や保健センター、精神保健福祉センターに所属している臨床心理士もいます。精神保健福祉センターは、精神保健福祉法により各都道府県に設置することが定められている施設で、地域住民の健康管理をはじめアルコール依存症や薬物依存症の相談、ひきこもりの相談援助などを行っています。保健所や保健センターではそれらに加えて、乳幼児の発達検査を担っています。

● 他職種との連携が求められる

医療機関では、医師はもちろん、看護師、言語療法士や作業療法士といったリハビリスタッフ、栄養士などと連携をとって働くことになります。そのため、医学的な知識を学ぶ努力も求められますし、また、心理職が使う専門用語を他職種の人にもわかるようかみくだいて伝えるといった工夫も求められます。

心理職が医療チームに入り、心理的支援を直接的・間接的に行うことで、患者や家族の不安は軽減し、もととなる疾患の治療にも好影響を及ぼします。また、他の医療スタッフも、患者への対応に苦慮する場面で心理職からの支援を得ることで負担が軽減され、それが医療の質の安定にもつながりますから、医療現場における心理職の役割は重視されてきています。

2015年9月に成立した公認心理師法によって、国家資格が創設されることが決まりました。今後、精神科やデイケアに配置される心理職の人数が定められれば、活躍の場はますます増えていくことでしょう。

非薬物療法
認知症の治療において、薬物療法のほかに実施される心理療法やリハビリテーションなどのこと。

医療・保健領域で働く臨床心理士の内訳	
病院・診療所	79.2%
精神保健福祉センター・保健所・保健センター	15.8%
リハビリテーションセンター	1.1%
老人保健施設	0.5%
自治体から派遣	1.3%
その他	2.2%

（資料：日本臨床心理士会「第6回臨床心理士動向調査報告書」2012年度をもとに作成）

ルポ❶

取材先◎医療法人財団順和会　山王病院
しごと◎病院内の心理検査・心理カウンセリング

医療スタッフとともに働きつつ臨床心理士ならではの役割を果たす

■山王病院で初の臨床心理士として採用

　東京都港区、緑豊かな赤坂御所近くにある山王病院。ここは「お産の山王」としても有名な総合病院で、70余年の歴史を持つ。2015年に最新設備を備えた手術室やリハビリ室、19床の産科クリニック「山王バースセンター」を含む新館が完成し、病棟は個室中心で快適性も追求。地域住民はもちろん、多くの著名人が利用することでも知られている。近藤真木さんは、ここで心理テストや心理カウンセリングを担当している。

　「実は私がここに来たときには、山王病院に臨床心理士はいませんでした」と、近藤さん。2009年当時、修士課程2年目で臨床心理士の資格取得をめざしながら就職活動をしていた近藤さんは、「カウンセリングを必要とされる方々の背景には、うつなどの精神疾患があることが多い。そういった人をサポートするには医療とつながっていたほうがいい」と考え、医療分野で職場を探していた。山王病院は国際医療福祉大学グループの病院であり、同大学院出身の近藤さんは、山王病院初の臨床心理士として着任し、現在、週に2回勤務している。

■『便秘の健康診断』のための心理テストを実施

　この日の近藤さんは、朝9時20分に出勤。午前中は、大腸・肛門外科の患者の心理テストを行う予定だ。

　「山王病院の大腸・肛門外科では、半日入院しての『便秘の健康診断』を行っ

医療法人財団順和会　山王病院●DATA

1937年開院。国際医療福祉大高邦会グループ。内科、脳血管センター、外科、血管病センター、脳神経外科、整形外科・リウマチ科、皮膚科、産婦人科など。ベッド数79床。常勤医師88名、看護師109名、臨床心理士1名。専門性を有する高度な医療を機軸に、充実したアメニティと温かなサービスを提供する。

ています。このとき、腸の造影検査などとあわせて、心理テストも実施します。『お腹の調子と心理は密接に関係している』という医師の方針のもと、この健康診断には、医師・看護師・栄養士に加えて臨床心理士も参加するのです」。

●追いかけた人

近藤真木（こんどう　まき）さん／1960年生まれ。大学卒業後、専業主婦を経て、国際医療福祉大学大学院臨床心理学専攻、修士課程修了。2011年資格取得。09年より山王病院で勤務。2か所の医療施設と、私設カウンセリングルームでも勤務。

　まずはナースステーションに向かい、看護師から患者に関する説明を受ける。「今日の患者さんは便秘の方で、女性です。年齢は……」と、既往症もふくめ基本的な情報を頭に入れたら、患者の待つ部屋へ向かう。

　部屋では患者が取り組む心理テストは質問紙方式だが、550問あり、その他200問におよぶ健康調査票にも答えてもらわなくてはならない。問題文の内容がわかりにくいこともあるので、高齢者の場合はつきっきりで手伝うこともある。

　11時30分頃、ようやく心理テストが終了。しかし、近藤さんにとってはまだ終わりではない。患者の記入したシートを読み取り、医師向け、患者向け、2通りの報告書を作成しなくてはならないのだ。

　パソコンに向かっておよそ1時間半後の13時頃、ようやく報告書が完成。近藤さんは少し遅めの昼食をとることができた。

■病院内の医師の紹介で心理カウンセリング

　午後からは、心理カウンセリング専用の診察室でカウンセリングを行う。「クライエントは、山王病院にかかっている患者さんのみ。精神科はないのですが、病院内のあらゆる科の患者さんがいらっしゃいます。多いのは、心療内科、消化器外科、産婦人科の方でしょうか」と近藤さん。カウンセリングを受けたほうがよいのではと思われる患者がいたら、まずは医師が病院内のカウンセリングを紹介し、患者が希望する場合は本人から病院に予約を入れる、という手順。

「すでに心が疲れていたり傷ついている人が、この部屋でさらに傷ついたりすることのないよう、患者さんがドアを

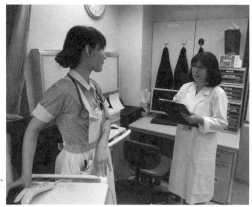

ナースステーションで、患者に関する情報を看護師と確認する

開けたときから、表情、話し方に細心の注意を払います」。そんな姿勢が身についているためか、近藤さんの表情や声はいつもやわらかく、静かだ。
　14時に診察室に現れたのは、心身の調子を崩し、会社を休職中の女性だ。心療内科で精神に作用する薬の処方を受けている。「お薬を飲み始めて数か月経ちますが、その後どうですか？　眠れますか？」と近藤さんは、微笑みながら問いかける。女性が「昼もちょっと眠くて」と訴えると、「昼間も眠いのはつらいですね。お薬については、引き続き主治医の先生とよくご相談くださいね」と受け止める。すると、女性は「ただ、夜もしっかり眠れるようになった分、昼間の活動がらくになりました」と続ける。その後50分かけて、近藤さんは女性の話にじっくり耳を傾けるのだった。

■医師の治療とは異なる心理職の仕事
　ここにやってくる患者の悩みはさまざまだ。「治療が長期間にわたっていてストレスを感じる」「人間関係に自信がないのでカウンセリングを受けたい」「精神に作用する薬を処方されたが、飲むのが不安」「妊娠中で薬が飲めないのに、眠れなくて困っている」などなど……。
　「医師は、治すべき病気やけがに対して、薬を使うなどして治療を行います。しかし、カウンセラーは薬を使えない分、別のアプローチで健康回復のお手伝いをします。たとえ具合が悪かったり、人生が思い通りにいっていないとお悩みの方だったりしても、その方々にも健康な部分があり、その人らしさ、特性があるはずです。カウンセリングを通じてそれを思い出していただきながら、本来望んでいらっしゃる理想の自己イメージを実現していただけるようなかかわりを心がけています」。
　もちろん、傾聴するだけではない。つらさを感じている相手を肯定しながらも、本人のもののとらえ方にゆがみがある場合は、それに凝り固まることのないよう注意しながら受け答えをしている。
　また、必要に応じて、イライラを鎮めるリラクゼーションを提案する、家族内にもサポートリソースがあることを示唆する、発達障害やDVなどの可能性が考えられる場合は専門機関を紹介する、といったことも行っている。ストレ

ある日の近藤さん

9:20	9:30	13:00	14:00	17:00	17:10	18:00	20:30
山王病院出勤	心理検査・所見作成	記録作成	心理カウンセリング・記録作成	山王病院退勤後、私設へ	カウンセリングルーム	心理カウンセリング・記録作成・事務	帰宅

スマネジメントができるようになるよう、認知行動療法を採用することもあるという。「1回〜数回のカウンセリングで終了することもあれば、人によっては終結まで数年かかる方もいらっしゃいます。長い闘病を経て『社会復帰を遂げました』『自分らしさを取り戻せました』などのご報告を受けると、この仕事をやっていて良かったと思います」。

■**退勤後は私設カウンセリングルームへ**

　カウンセリング終了後は、記録をつける。これを2件終えると、17時に。これで、この日の山王病院での仕事は終了だ。しかし、近藤さん自身の仕事はこれで終わりではない。近藤さんは病院近くに私設カウンセリングルームを構えていて、病院勤務のある日は夕方以降、ない場合は終日、カウンセリングを受け付けているのだ。

　都心で部屋を借りてカウンセリングルームを運営するのは、金銭的に大変なこと。「いきなり新人の臨床心理士が私設カウンセリングルームを構えるのはむずかしいでしょうね。私も最初は、精神科のクリニックに間借りして、休診日にスペースを使わせてもらったりしながら、じょじょにクライエントの信頼を集めていきました」とのこと。

　そのクリニックとの提携も一筋縄ではいかなかった。近藤さんは、「医師ひとり、心理職のいない」忙しそうなクリニックに、手紙でアプローチをかけていったのだ。「門前払いも多かったですけれど、『必要なら診察受付も手伝いますから』とアピールしました」。

　カウンセリングルームとして独立してからも、そのクリニックとの関係は続いている。「心理職のケアが必要な患者さんには、先生がこちらを紹介してくださっています」。また、その他のクリニックにも営業をかけ、パンフレットを置かせてもらっている。

「カウンセリングルームの運営は大変ですが、地域貢献の一環として、今後も続けていきたいですね」。

（2015年10月に取材）

カウンセリング中は受容と共感を心がけている。笑顔が印象的

第2章
2. 学校で、そして地域で 子どもの発達や学習に関する諸問題に対応

●学校の教員だけでは心理ケアが困難な時代

医療現場に次いで臨床心理士が数多く活躍しているのが、学校をはじめとする教育分野です。かつて、学校には心理専門のスタッフはおらず、心の問題には教員が対応していました。しかし近年、いじめ、児童虐待、不登校、発達障害など、子どもの心を取り巻く問題が多様化かつ深刻化したことで、子どもや保護者の悩みに対応できる「心の専門家」が求められるようになったのです。

そこで、文部科学省は1995年度から臨床心理士などをスクールカウンセラーとして配置。まずは154校からスタートし、その活用について研究を行ってきました。その有効性が明らかになり、2001年度から「スクールカウンセラー活用事業補助」を開始。現在では、国がスクールカウンセラーの配置に必要な経費の補助を行っています。また、2007年の文部科学省の報告書「児童生徒の教育相談の充実について」では、子どもを取り巻く問題に対し、学校内の対応にとどまらず、各地域の教育センターや教育相談所などと連携して、子ども一人ひとりに適切な対応をするよう指摘。相談体制の一層の充実が求められるようになりました。

●学校内で活動するスクールカウンセラー

文部科学省では、スクールカウンセラーには、児童や生徒がかかえる問題に対して次のような援助を行うことを期待しています。

1　児童・生徒に対する相談・助言
2　保護者や教職員に対する相談（カウンセリング、コンサルテーション）

不登校
何らかの心理的、情緒的、身体的、あるいは社会的要因・背景により、年間30日以上、連続または断続して欠席している状態（ただし「病気」や「経済的な理由」によるものを除く）。

発達障害
脳の機能（働き）に生まれつき障害があることで、対人コミュニケーションや識字など、特定の機能に困難をかかえるというもの。自閉症、アスペルガー症候群、ADHD、学習障害、チック障害などがある。

第2章　活躍の場は多方面にわたります

3　校内会議などへの参加
　　4　教職員や児童・生徒への研修や講話
　　5　相談者への心理的な見立てや対応
　　6　ストレスチェックやストレスマネジメントといった予防的対応
　　7　事件や事故、災害時の児童・生徒の心のケア
　相談内容は、不登校、いじめ、友人関係、親子関係、学習関係のほか、発達障害、精神疾患、自傷行為などさまざまです。さらに、ストレスをかかえ、精神性疾患により休職する教職員が増えていることから、教職員に対するケアも求められるようになっています。
　2015年7月、中央教育審議会の部会は、スクールカウンセラーを正規の学校職員に位置づけ、すべての公立小中高校をカバーできるような配置を検討すべきだとの中間報告案を示しており、今後ますますの拡充が期待されています。

●**教育相談機関では**
　スクールカウンセラーの役割を側面から支援、あるいは補完する存在が、各自治体の教育相談室（所）や教育センターです。そのほとんどが都道府県・政令指定都市の教育委員会所管であり、公的機関という位置づけになっています。相談内容は、不登校や発達障害などに関するものが多く、それらに関する相談を来所や電話などの形態で受け付けています。地域によっては、メール相談やグループ活動など多様な支援を展開しているところもあります。
　スクールカウンセラーの配置が、2015年現在は週1〜2日という学校がほとんどであるのに対し、教育相談所は、平日は毎日（地域によっては土日も）開所していることから、より継続的・専門的な対応が可能です。また、スクールカウンセラーにとっては、本格的な療育機関や医療機関に比べて気軽に紹介できる連携先ということもあり、地域で教育相談を担う重要な拠点として期待されています。教育相談室のほかに、教員が研修や研究などを行う教育センターや教育研究所でも相談事業を行っています。

コンサルテーション
クライエント（援助を直接的に必要としている人。学校現場では子どもや保護者）に直接対応している専門家（学校現場では教職員）に、心の専門家として、よりよい援助の方法を助言すること。

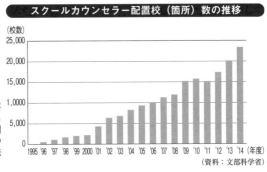

スクールカウンセラー配置校（箇所）数の推移
（資料：文部科学省）

ルポ❷

取材先◉日野市立日野第一小学校
しごと◉東京都スクールカウンセラー

「チーム学校」の一員として子どもとその保護者を教員とともにサポート

■児童・生徒からの相談ばかりではない

「スクールカウンセラー」という名前を聞いて、多くの人は「児童や生徒が悩んでいるとき、学校の一室で相談にのってくれる」というイメージを思い浮かべるのではないだろうか。

「もちろんそれも大事な仕事です。ただ、スクールカウンセラーの仕事はそれだけではありません。教員や保護者など子どもを取り巻く大人との連携、つまりは組織や地域への働きかけも大切です。子ども個人の臨床を行いながら、組織臨床、地域臨床も担っているという側面が大きいように思います」。そう語るのは、スクールカウンセラーの江川知子さん。

実際、文部科学省のある調査によると、「スクールカウンセラーに対してあった相談等の割合」は、中学校の場合でも生徒からの相談が約5割で、約3割が教職員からの、約2割が保護者からの相談だった。

学生にとって身近でありながらも、意外に知られていない重要な役割を担うスクールカウンセラーの1日を追ってみた。

■チーム学校の一員として

江川さんは、東京都のスクールカウンセラーとして日野市の小学校に週に一度、渋谷区のスクールカウンセラーとして渋谷区の小学校に週に一度、赴いている。取材したこの日、江川さんは日野第一小学校での勤務日だった。

日野市立日野第一小学校●DATA
明治6年、開校。昭和38年、現在の校名に変更。人間尊重の精神を基調とし、豊かな人間性をもち、たくましく生きる児童の育成をめざし、「かしこい子　やさしい子　元気な子」を教育目標にかかげる。児童数450名（通級学級含む）。スクールカウンセラー2名。

朝8時30分。江川さんが小学校に出勤して一番に行うことは、職員室での情報交換だ。教員と、行事にともなう学校全体の雰囲気の変化など、この一週間の子どもたちの様子について話をする。「今日はこの保護者との面談予約があります」などという依頼も。

●追いかけた人

江川知子(えがわ ともこ)さん／神奈川県出身。1991年文教大学人間科学部卒。多摩市スクールカウンセラーなどを経て2014年より現職。

また、日野第一小学校にはもう一人、別の曜日に派遣されている市のスクールカウンセラーがいる。その人とは書面を通じて情報交換し、連携をとっている。

「スクールカウンセラーの江川さんは、チーム学校の一員です。我々も頼りにしています」と校長の石田恒久先生。

情報交換が終了すると、江川さんは、面談の予約時間までの間、2時間ほど校内をまわって授業や休憩時間の様子を見守るのだった。

■児童との面談は1回につき10分くらい

児童との面談については、休み時間や放課後を利用して10分程度ですむことがほとんどだ。

「学校生活の中で、スクールカウンセラーとの面談というのは非日常的なできごとです。子どもが非日常に依存しすぎず、学校生活にスムーズに戻れるよう、面談はあまり長引かせないよう心がけています」と江川さん。

「子どものことで困ったことがあったときは、本人の悩みを掘り下げようとするよりも、まわりの大人との関係を調整したほうが解決につながることが多いような気がします」。

もちろん、時には子どもから「人間って生きる意味があるのかな」「死にたいと思ったことがある」というような深刻な悩みを打ち明けられることもある。そんなときは、じっくり向き合って一緒に考えている。

担任の先生からの依頼で相談が始まることもある。そう

放課後の職員室で校長先生と談笑

いった児童との面談は、担任の先生と時間の約束をして、子どもの居場所を担任の先生が常に把握できるように配慮しつつ、よく話ができるよう心がけている。

■**カウンセラーは「触媒」のような存在**

保護者からの相談内容は、「学校に行きたがらなくて困っている」「集団生活になじめない」「家庭での行動に困っている」などといったものがある。こうした相談を持ちかけるとき、保護者は「子ども本人に直すべき点があり、親はどうやって子どものよくない点を変えてゆけばよいのか」という方向で考えがちだ。

これに対して、江川さんは、まず親自身のつらさ、大変さから話を聞いていくようにしている。

「厳しい社会情勢の中、共働きが増えるなどして、最近の親御さんは時間的に余裕がなく、しんどい思いをかかえていることがあります」。

現実問題として親の仕事を減らすことはむずかしいが、「そこで、いかに省エネで家事などをまわし、子どもに当たらずにすむか、ちょっとした生活の知恵をアドバイスすることもあります。『靴下や下着の枚数を増やせばそうして、洗濯の回数は少なくてもOKにしちゃいましょう』とか（笑）」。

そうしたやりとりを重ねるうちに、親がとらわれている「ちゃんとした親」「いい子」という固定概念にヒビが入っていく。「すると、心のどこかにあった『子どものせいで大変』という気持ちが、『子どもがいてくれるからがんばれる』『子どもが元気でいてくれてうれしい』というものに変わっていきます」。周囲の大人の心境が「これでいいんだ」となると、子どもへの接し方が自然とそれまでとは異なるようになり、するとやがて、子どもの行動にも変化がみられるようになっていくという。

「面談の際には『どうするのがよいのか』といったことが話題となりがちですが、相手の考え方や行動に白黒つける裁判官にならないようにしています」。あくまでも、相手を理解し、相手が本来持っている力を取り戻すことをサポートする存在になる。カウンセラーは、科学実験でいうところの「触媒」のよう

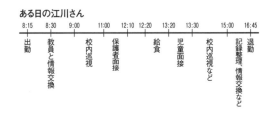

ある日の江川さん

8:15	8:30	9:00	11:00	12:10	12:20	13:20	13:30	15:00	16:45
出勤	教員と情報交換		校内巡視	保護者面接		給食	児童面接	校内巡視など	記録整理、情報交換など	退勤

な存在なのだ。

■ **私設カウンセリングルームとの相違点**

　保護者との面談の予約については、日野第一小学校では手順が決まっている。保護者からの相談希望は、担任や管理職、養護の先生に連絡があり、予約調整は養護の先生が担当している。

　相談の内容によっては、学校内の状況の確認も必要になる。そうした場合は、副校長先生や担任の先生が同席の上で相談にのることもある。「お子さまの特徴を理解した接し方が必要な場合もあるので、詳しくうかがいながら一緒に考えています」。

　あくまでも学校を通して、学校と連携しながら、悩んでいる人とコンタクトを取る。ここが、私設のカウンセリングルームとは異なる点だ。
「相談室には好きなときに来ていいよ、という『自由来室』をOKにするかどうかは、その地域、学校の状況によっては慎重に考えなくてはなりません。さじ加減を間違えると、相談室が非行や不服従の起点になることもありますから……」。

■ **情報は学校と共有**

　その日の予定を終え、校内を見回って15時。教員と、面談をふまえての情報交換をすることもある。
「先生方も、気になる児童や保護者に対してどのような対応をするのが適切なのか、心理の専門職から聞きたいわけです。そうしたコンサルテーション的な仕事も、スクールカウンセラーには求められています」。

　校長先生も、「スクールカウンセラーの方々には、とくに保護者の相談活動で今後ますますご協力をお願いしたい」とコメント。

　教員とスクールカウンセラーが協力し合い、子どもはもちろん親も含めてサポートすることが求められている。

（取材は2015年10月）

相談室での江川さん。「自立した子を育てるには……という悩みは今も昔も変わらないんですよ」

第2章 3.

福祉施設などで、あらゆる人が社会で自分らしく生きていけるよう支援

●福祉領域のあらゆる場面で活躍の可能性が

虐待やDVの被害、発達障害や認知症といった心に関する問題がクローズアップされるようになり、福祉領域でも、心理や発達に関する専門的な知識や技術が求められるようになってきました。

また、1990年代から福祉施策は、「個人の尊厳を尊重する」「あらゆる人を受け入れ、共に生きる」との考えにもとづいて、たとえハンディキャップがあっても、できるだけ地域社会の中でその人らしい暮らしができるよう支援する、という方針になりました。これまでは支援を必要とする人を「○○できない人」ととらえていたのに対し、生きる力を備えた存在としてとらえ、その人本来の生きる力が引き出されるような支援が求められるようになっています。そういった面でも臨床心理学的な対応は活用できるでしょう。

●児童相談所や児童福祉施設で働く

福祉領域でもっとも多くの臨床心理士が働いているのが、児童福祉施設や児童相談所です。

児童相談所では児童心理司(心理判定員)などとして働きます。児童相談所は児童虐待への対応機関として知られていますが、そのほかにも、発達障害や療育手帳に関する判定や相談なども受け付けています。そのため、判定業務のほか、一時保護中の子どもの心理療法、保護者の相談・助言、心理的な援助方針の策定、施設入所後のケアの評価などにもかかわっています。

児童福祉施設では、特に社会的養護を担う施設で心理職の専門性が求められ

第2章 活躍の場は多方面にわたります

DV(ドメスティック・バイオレンス)
同居する近親者から受ける暴力行為のこと。身体的虐待(暴行)だけでなく精神的虐待(罵り、脅迫など)、性的虐待、社会的隔離などの行為も含む。2001年に「配偶者からの暴力の防止及び被害者の保護に関する法律」(DV防止法)が施行。

児童福祉施設
児童福祉法では、助産施設、乳児院、母子生活支援施設、保育所、幼保連携型認定こども園、児童厚生施設、児童養護施設、障害児入所施設、児童発達支援センター、情緒障害児短期治療施設、児童自立支援施設および児童家庭支援センターをさす。

ます。2012年からは、児童養護施設、乳児院、母子生活支援施設、児童自立施設については、厚生労働省による通知で「心理療法を行う必要があると認められる」者10人以上に対して「心理療法担当職員を置く」ことが義務づけられるようになりました。こうした施設で心理職は、子どもの心身の発達状況の把握と心理療法を行うほか、他職種へのコンサルテーション、ケース会議への出席、他機関との連携、家族支援などを行うことも期待されています。

また、児童発達支援センターや療育センターでも、相談支援や療育などを行っています。現場では、関係機関と連携しながら、支援が必要とされている子どもを0歳から18歳まで一貫して見守ることが求められています。支援の対象は当事者のみならず、その家族に対しても必要です。

● 障害者の本来の生きる力を引き出す

障害のある人が、その人本来の力を発揮しながら地域の一員として暮らしていけるよう、障害者のための通所施設や入所施設、相談機関などで働く臨床心理士もいます。こうした障害者支援の分野でも、心理検査や心理面接による利用者のアセスメントと、それを反映した助言、他専門職へのコンサルテーション、他機関との連携などが求められます。とりわけ、本人を支える家族に対する相談・助言活動は重要な業務といえるでしょう。

障害者の就労支援という意味では、ハローワークでのカウンセリング機能を強化するために誕生した「精神障害者就職サポーター」は、資格要件が「精神保健福祉士又は臨床心理士の資格保有者」となっています。

● 高齢者や女性支援でも活躍の可能性が

高齢者や女性の支援の場で働く臨床心理士もいます。特別養護老人ホームやグループホームなどの入所施設、デイサービスを実施する通所施設でも、今後増加が見込まれる認知症患者の対応などでの活躍が期待されています。女性の支援については、DV被害者の支援などに携わります。

社会的養護
保護者のない児童や、保護者のもとで暮らすことが適当でない児童を、公的責任で社会的に養育し、保護するとともに、養育に大きな困難をかかえる家庭への支援を行うこと。

臨床心理士が働くおもな福祉系分野	
児童福祉施設	児童相談所
	児童発達支援センター
	医療型児童発達支援センター
	医療型障害児入所施設
高齢者福祉施設	介護老人保健施設
	特別養護老人ホーム
	養護老人ホーム
障害者福祉施設	身体障害者更生相談所
	知的障害者更生相談所
	療育センター
	発達障害者支援施設
女性福祉施設	女性相談センター
	DV相談支援センター
	婦人保護施設
	母子生活支援施設

福祉施設などで、あらゆる人が社会で自分らしく生きていけるよう支援

reportage

ルポ❸

取材先◎社会福祉法人さがみ愛育会　渕野辺保育園
しごと◎障害児の療育

保育士や保護者と連携しながら障害のある子ども一人ひとりの特性をふまえた支援を

■インクルージョン保育を心理・発達支援の面からサポート

「いっしょっていいね」をモットーに、障害児を積極的に受け入れるインクルージョン保育（統合保育）を実施している渕野辺保育園。各クラスに障害児が2～3人いて、他の子と集団生活を送りながら、個別に療育も受けている。一言で「障害」といっても、自閉症やダウン症、脳性まひ、肢体不自由など、子どもによってかかえる障害はさまざまだ。そして、障害の内容や程度によって、必要なケアやサポートは一人ひとり異なる。

こうした中で、統合保育をスムーズに実施し、また同時に障害児一人ひとりに適切な個別支援を行うため、渕野辺保育園では心理・発達支援の専門家として、臨床心理士の渡邊真伊さんを採用している。「臨床心理士が保育園の常勤職員として採用されるのは、全国でも珍しいことかもしれません」と渡邊さん。

任されている仕事は、障害児の療育、障害児の保護者を対象とした面接やグループカウンセリング、現場のコンサルテーション（保育士への接し方のアドバイスなど）、心理や発達の面で気になる子どもの早期発見や他機関への引継ぎなど。一人でさまざまな役割を担っているのだ。

■他職種と横の関係を築くことをめざして

8時30分。保育園に出勤した渡邊さんの1日は、掃除とデスクワークで始まる。「病院など他の職場では、出勤したらミーティングで始まるところが多

社会福祉法人さがみ愛育会　渕野辺保育園●DATA

1931年開設。73年より統合保育を開始、現在、園児は本園220人で、そのうち12人が障害児枠で在園。保育士65人、総務職4人、看護師3人、管理栄養士・栄養士・調理員6人などに加え、臨床心理士1人が正職員として勤務。多様な職種がチームを組み専門性を発揮する複眼的な体制をめざす。

いですよね。でも、保育園は7時から20時まで保育を行っている関係で、保育士の皆さんはシフト勤務です。ですから全体でのミーティングを開く機会は少ないです」。そのため、働き始めた当初は、保育士や看護師とどう連携をとっていけばいいのか悩んだという。

●追いかけた人

渡邊真伊（わたなべ　まい）さん／1984年山梨県生まれ。東京家政大学大学院文学研究科心理教育学専攻（臨床心理学コース）修了。2009年に臨床心理士資格を取得。スクールカウンセラーや精神科勤務などを経て、11年より現職。

「私の場合は、相談室にこもるのではなく、園内を歩き回ったり、積極的に行事を手伝ったりするなどして、他の職種の方と良好な関係を築くよう心がけることにしました。『心理の専門家として、心理以外のことをすべきでない』という考え方もありますが、『心理の先生』という立場でいるよりも、同じ目線で話せる横の関係でいられるほうが、心理士としての機能を発揮できるのではと考えています」。

■子ども一人ひとりの特性に合わせた個別療育

10時からは、個別療育の時間だ。渕野辺保育園では、障害のある子それぞれに、おおむね月に2回、一対一の療育プログラムが1時間ほど行われている。子どもたちには「オーロラの時間」として親しまれているこの個別療育、一人ひとりの発達検査の結果や日頃のようすをもとに渡邊さんが内容を組み立てている。「プログラム内容は、他の子とのコミュニケーションや集団生活などで、ふだん困っていることを補えるようなものを選んでいます」。

この日の「オーロラ」は、ダウン症のYちゃんの番。「Yちゃんは最近、少しずつ言葉が出てくるようになりました。そこで、発語を含めたコミュニケーションがもっとできるよう、この時間を使って刺激してみたいと思います」。

まずは、Yちゃんのいるクラスへ向かい、「今からオーロラに行くよ」と声をかけ、ハイタッチ。担任の保育士に「行ってきます」と二人であいさつをしたら、クラスのあるスペースとは少し離れたところにある療育室に向かう。

療育室は、6畳ほどの広さ。

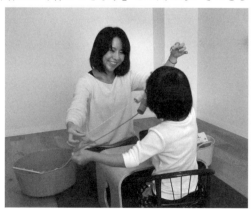

療育室にて。この日の療育のひとつ「ひも通し」が完成したあとはいっしょに喜ぶ

「静かな小部屋で、じっくり遊べるためか、みんなオーロラの時間が好きみたい。喜んで療育室に向かいます」。部屋に入り、あいさつをすませたら、まずはプログラムの内容を示す絵カードをYちゃんに見せながら、「今日やるのはね……」と流れを説明。見通しを持って行動する練習を重ねて、スケジュールにもとづいて進む集団生活になじむためだ。

　この日の療育は、「名前カード」「動物パズル」「ひも通し」「型はめパズル」「色分け」を行い、ごほうびタイム、クールダウン、達成シール貼り……という流れ。例えば、「名前カード」では、渡邊さんが動物の絵カードを見せながら「ワンワン」と動物の呼び方を教え、Yちゃんが「ワンワン」と復唱。うまく復唱できたら「上手！」といっしょに拍手しながら喜ぶ。

　「今は、とにかくコミュニケーションが日常生活でもできるようにしたいので、細かい発音を直すことよりも、動作も交えながらの要求がきちんとできるよう練習をしています」と渡邊さん。「訓練的になると療育が嫌いになってしまいますから、遊び感覚で取り組めるよう心がけています」。いつも通りに課題がこなせないときは、無理をさせず課題のハードルを下げることも。じっくりと成長を見守るよう心がけている。

　プログラムが終わったら、道具を片付け、終わりのあいさつ。達成感にあふれた表情で療育室をあとにするYちゃんだった。

■障害児と、「気になる子」を見守る

　11時からは、園庭において外遊びをする子どもたちを観察する。見守るのはおもに障害児枠で入園している12人。さらに、発達のかたよりや家庭環境などの面で「気になる子」や入園したばかりの子など30人ほども見ている。もちろん相手が1か所にいるわけではなく、渡邊さんは広い園庭や建物の裏側など、園の敷地全体を歩き回りながらこれだけの人数を見なくてはならない。少し離れたところから遊ぶ様子を眺めてみたり、本人に話しかけたり、そばにいる保育士に「今日の調子はどうですか」と聞いてみたりする。

　30分ほど経つと、今度は園舎の中に入り、給食を食べ始めているとあるクラスを訪ねる。ここには、新入園したばかりの「気になる子」が過ごしている

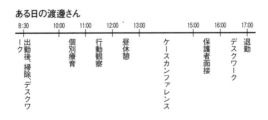

ある日の渡邊さん

8:30　10:00　11:00　12:00　13:00　　　15:00　16:00　17:00
出勤後、掃除、デスクワーク｜個別療育｜行動観察｜昼休憩｜ケースカンファレンス｜保護者面接｜デスクワーク｜退勤

ため、渡邊さんは、新入園児が食べている姿を見ながら、担任の保育士に入園後の様子を30分ほどかけてじっくり聞くのだった。

■子どもの特性に応じた接し方をアドバイス

こうした行動観察の時間にチェックするのは、その子が、保育士や他の子どもとコミュニケーションはとれているか、身の回りのことができているか、保育士からの指示は通るかといったことのほか、姿勢や目線といった運動機能に関することなどで、もちろん、保育士からも意見を聞く。これらの情報をもとに療育内容を組み立てたり、その子の特性に合った接し方を検討したりする。「例えば、ダウン症のある子の場合は、社会性は比較的良好なので、注意するときは『悲しいよ』『怒っているよ』という表情をつけて伝えます。一方、自閉症のある子は、厳しい口調で注意するとパニックとなり、言われた内容より恐怖心のほうが残ってしまうので、表情をつけずおだやかに内容を告げたほうがいい……といったぐあいです」。

こうした内容は、子どもたちのお昼寝の時間に行われる看護師や保育士をまじえたケースカンファレンスや、保護者との面談の際にも伝える。「親は、自分の子に障害や発達のかたよりがあるとは考えたくないし受容していくことはとてもむずかしい。けれども本人のことを考えると、特性を理解した子育てを行い、支援を受けたほうがいいのでは……と考えます。その場合、保護者にどのように告げるのか考えなくてはなりません。年長児になると、小学校を通級にするか普通級にするかといったことも保護者の方といっしょに考えたりもします」。ともに悩みながら、時には保護者にはつらい、一歩踏み込んだアドバイスをしなくてはならない場面もあるのだ。「療育や子育て支援の場では、子どもだけでなく保護者とどうかかわり、サポートしていくかが重要です。精神疾患や経済的困難に対する臨床の知識と支援する力も必要です」。

一人職場も多い分野だけに、学生時代はもちろん、就職後も学び続けることが重要だ。

（取材は2015年11月）

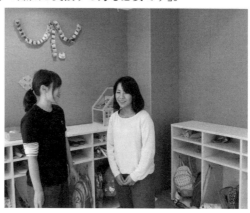

保育士と情報交換をする時間も大切にしている

第2章
4. 産業・労働分野で働く人のメンタルヘルスを守る

●国としても見過ごせない働く人のメンタルヘルス問題

　企業の成果主義・能力主義が浸透したことに加え、非正規雇用者の割合が高くなり、働く人は厳しい雇用環境の中で大きな不安やストレスをかかえています。精神疾患による休職や退職、自殺、過労死なども増加している昨今では、現役世代のメンタルヘルスを守ることは、国としても喫緊の課題です。

　こうした中、厚生労働省は、職場におけるメンタルヘルス対策を推進しようとする企業に対し、専門家が助言・指導する「メンタルヘルス対策支援事業」を実施しました。臨床心理士は、そのメンタルヘルス支援の専門家の一員として、この事業に協力しています。

　また、2015年からは従業員50人以上の企業にストレスチェックも義務づけられるようになりました。産業領域においても心理職の存在は今後ますます注目されるようになることでしょう。

●組織の中、あるいはEAPを提供する企業などで活動します

　産業領域における臨床心理士の活躍の場としては、顧客企業のためにEAP（従業員支援プログラム）を提供する企業や団体のほか、企業の中で従業員のメンタルヘルスをサポートする部門（健康管理室、人事・総務・労務・厚生部門など）があげられます。働く人のメンタルヘルスにかかわることのできる公的機関は、産業保健推進センター、地域産業保健センター、労災病院などです。

　また、日本国内外にわたって活躍の場が期待される資格には、CEAP（国際EAPコンサルタント）があります。非常に難易度の高い資格で、国際EAP協

第2章　活躍の場は多方面にわたります

ストレスチェック
「労働安全衛生法」が改正されたことで義務化された制度。ストレス度が高い従業員に対しては、職場環境の改善を行う。常時50人以上の職場に義務づけられ、毎年1回、労働基準監督署に報告する。

EAP
Employee Assistance Programの略称。「職場組織が生産性に関連する問題を提議する」「社員であるクライアントが、ストレスなど仕事上のパフォーマンスに影響を与えうる個人的問題を見つけ、解決する」の2点を援助するプログラム。

会が認定するEAPコンサルタントに与えられます。資格取得後は3年ごとに更新し、60時間の教育単位を取得することが必須です。EAP専門家としてコンサルティング経験を積みながら、常に学び続ける姿勢が問われます。

●産業領域ならではの支援も

産業心理臨床活動にあたっては、次のような支援が展開されます。
・職場で悩む従業員への相談支援、職場復帰援助。キャリア設計の支援。
・悩んでいる従業員を取り巻く上司や同僚へのコンサルテーション。
・一次予防としての組織全体への安全教育、従業員や管理職へのメンタルヘルス研修、二次予防としての各種ストレスチェックなど。

このように、企業などの活動では、組織やそれを動かすシステムに対する働きかけが重視されます。目の前の相談者に向き合うことはもちろんのこと、相談者の個人の秘密を守りながら関係者（管理職・人事労務担当者・産業保健スタッフなど）や医療機関との連携が重要なのです。

そして、支援する相手が、個人だけではなく、会社という利益を追求する組織でもある点に、この分野のむずかしさとやりがいがあります。組織の利益追求と従業員個人の健康を守ることは相反するものと思われがちですが、目先の利益を追求しすぎると、「ブラック企業」の烙印を押され、経営面を圧迫するなどのリスクがあることも知られるようになってきました。従業員一人ひとりの心身の健康を守る組織を作ることは、組織全体の生産性向上にもつながる、そうした「健康経営」という考え方が産業界にも浸透しつつあります。

心理職には、労務法規について十分な知識と、そして「費用対効果」の感覚も持ちながら、対策の重要性を提言し、援助を行うことが求められています。

●産業領域で働くために学んでおきたいこと

産業領域で働く場合は、臨床心理の知識や技術はもちろんのこと、組織の担当者と連携していくための組織心理学や労務法規などに関する知識、産業医や外部医療機関と連携するための医学・薬学の知識が必要になってきます。また、従業員と接する際に信頼を得るためには、最低限のビジネスマナーや社会的常識を学んでおくことも望ましいでしょう。

一次予防・二次予防
「一次予防」は、疾病の発生そのものを予防すること。「二次予防」は、疾病の早期発見・早期治療のこと。

ルポ❹

取材先◎ピースマインド・イープ株式会社
しごと◎産業領域で働く臨床心理士

悩みをかかえる会社員のケアだけでなく
管理職や組織全体への助言など
予防的なサービスも実施

■企業を対象にメンタルヘルス事業を展開

　企業を対象に心の健康に関するコンサルティングやEAP（従業員支援プログラム）サービスを展開するピースマインド・イープ株式会社。ここには、20人以上の臨床心理士が在籍している。その中の1人が、山川誠司さんだ。山川さんは20年ほど一般企業で働いていたが、社員のメンタルヘルス支援を担当したことをきっかけに、産業領域での心理的な支援に興味を持ち、臨床心理士の資格を取得した。

　朝9時に出勤した山川さんがまず取りかかったのは、チーム別の打ち合わせだ。山川さんのいるコンサルティング本部では、契約企業ごとに対応が必要な各種の情報共有、先方からの要望などについて報告した。また、海外駐在スタッフとは、メール、電話、テレビ会議などを通じて申し送りや情報共有を行う。「当社では電話相談を24時間受け付けています。9時から19時までは日本のスタッフが対応しますが、19時以降は、国内のほか、米国や英国に駐在中のスタッフが対応しているのです。日本在住の人が夜中に電話をすることもあれば、海外に赴任した人が電話をしてくることも。そうした電話相談が何件あり、継続して対応が必要な人がいたかどうかなどについて、申し送りを行います」。

　ちなみに、契約企業の要望に24時間対応するため、日本の社員もシフト体制をとっている。おもな出勤時間は9時、10時、12時の3パターンだ。

ピースマインド・イープ株式会社●DATA

1998年創業。560社にのぼる取引企業を対象に、EAP（従業員支援プログラム）サービス、個人・組織のストレス分析やコンサルティング、研修などを実施。従業員約60人のうち、臨床心理士は20人以上在籍。その他、精神保健福祉士、保健師、看護師、精神科医など多彩な専門家がチームを組んで対応している。

■契約先の惨事に対応するための研修も

　10時からは、ピースマインド・イープの社内研修を受ける。テーマは「惨事対応」。契約企業で惨事（職場における事件や事故など）が起こった際に、契約企業の社員に対してどのように対応するのか、スタッフ7～8人で実際の状況を想定しながら学ぶというものだ。「職場で大きなアクシデントがあったとき、現場は混乱しているものです。そこから当社にホットラインで第一報が入ってきたときに、状況を聞き取り、相手が求めていることを把握し、どのようにプランを作成していくのかなどを、学んでいくのです」。

　とりわけ、予想外の出来事や死亡事故が起こったときは、周囲の社員にも落ち込む人、会社を休む人、一見冷静な人などさまざまな反応が出て、管理職の人も困惑してしまうものだ。「それに対しては、社員の反応がどのような理由から起きているのか、そしてそれにはどのように対処すればよいのか、しっかり伝えて、まずは安心してもらう。そういったことも、この研修で学びます」。

●追いかけた人

山川誠司（やまかわ　せいじ）さん／1965年生まれ。金融機関や広告代理店で20年勤務。2008年に産業カウンセラーの資格取得。大学院修了後、民間メンタルヘルス研究所、大学院相談室などを経て現職。13年に臨床心理士資格取得。14年にCEAP取得。

■面談5回までという制約の中で解決をめざす

　11時からは、EAPの一環として行われている心理カウンセリングの時間。カウンセリングの方法は、相手企業との契約内容によってさまざまで、オンライン、電話、対面、相手企業への訪問などの手段がある。「企業の終業時間後もカウンセリングができるよう、21時まで対応しています」とのこと。

　この日は、ピースマインド・イープの面談室でカウンセリング。事前予約で概要が告げられていたとおり、社内の人間関係についての相談だった。

　「面談では、いきなり本題に入る人もいれば、そうでない人もいらっしゃいます。なかなか本題に入らない場合でも、とにかく相手が話し始めた内容を受け止めて、『この人になら話しても大丈夫』と安心してもらうことが大事ですね」。カウンセラーが、知りたいことを

カウンセリングはクライエントが来社した上で行うこともある

根掘り葉掘り聞くのではなく、本人を尊重して、そのときの心理的な状態などに応じた対応が大事なのだという。今回のように社内の人間関係についての相談もあるが、その他持ちかけられる悩みの内容は十人十色だ。話を聞いてほしいだけの人もいるし、心身の不調で精神科にかかるかどうか迷っている人もいる。できるだけ相手の要望に沿いたいが、医療や教育現場のように、何年もかけて対応することはできない。というのも、EAPのカウンセリングについては、1人あたりのカウンセリングの回数が契約により決まっているからだ。多くの場合は、1人につき50分のカウンセリングを年間5回までだ。

「まずは初回の面談で、守秘義務や回数制限のことなどをご説明します。その上でご本人と一緒に実現可能なゴールを決め、短期解決をめざします」。例えば、「人見知りで疎外感を感じている。自分の性格を直したい」という人の場合は「職場で、朝のあいさつをする」ことをゴールにする……といったぐあい。5回のカウンセリングでは達成がむずかしい高い目標を本人がめざしたい場合などは、長期的にカウンセリングを受けられる機関を紹介する。

面談が終わったら、当日中に記録をつける。「その後のフォローがやりやすいよう、会社独自の書式に記録を入力していきます」。

■従業員のプライベートなリクエストにも応える

カウンセリングと記録が終わると、今度はデスクで電話をかけ始める。対面カウンセリングで利用者から「長期にわたってカウンセリングを受けたい」という要望があったため、提携している相談室に連絡。そちらで有効なカウンセリングを受けられるよう、本人同意のうえで、必要な情報を提供するためだ。

提携相談室への連絡が終わると、次は「スマート・ワークライフ」サービスのため、電話をかけ始める。これは、契約企業の従業員のプライベートな悩みに対応するというもの。寄せられる声は、「子育てを夫が手伝ってくれないのだが、何をどう伝えていいのかわからない」といった心理的な悩みから、「子どもに水泳をマンツーマンで教えてくれるスクールを探してもらえないか？」といった要望までさまざま。前者のような悩みにはもちろん、後者の物理的な要望に対しても、臨床心理士をふくむ専門スタッフが「本当に必要な情報・支

第2章 活躍の場は多方面にわたります

ある日の山川さん

9:00	出勤
10:00	社内研修
11:00	社内打ち合わせ・情報共有
11:50	心理カウンセリング
13:00	昼食
14:00	記録整理 提携相談室との調整連絡 スマート・ワークライフ・サービスの対応
16:00	契約企業を訪問
17:00	自社にてケースカンファレンス
17:50	心理カウンセリング
18:00	記録整理 退勤

援は何か」をさぐりながら聞き出し、その情報をリサーチ専門のスタッフに引き継ぐ。そしてリサーチスタッフが調べた情報を、3営業日で利用者に提供するようにしている。「プライベートの悩みごとは、仕事にも悪影響を及ぼします。そこで、EAPの一環として、プライベートな悩みを解消するお手伝いをしているのです。EAPを手がける会社でも、ここまでやっている会社は珍しいかもしれませんね。反響が大きく、力を入れているサービスです」。

■契約企業を訪問することも

　午後は、コンサルタントとして営業スタッフに同行し、契約企業を訪問。相手企業の担当者に、サービスの利用状況（利用件数、傾向など）を、サービス利用者本人の守秘義務に触れない範囲で報告する。時には、カウンセリングを受けた本人と話し合い、本人から情報開示の同意を得たうえで、上司や人事担当者に情報を提供し、産業医をまじえた対応をうながすことも。

　また、「6月から相談が増えていますが、何かありましたか？　最近、従業員の方たちの元気がないようです」など、利用状況から組織の異変を感じた場合は、その旨を報告。組織の運営についてコンサルテーションを行うこともある。「一対一で、相手の話に耳を傾け、仕事のパフォーマンスに影響を及ぼしている問題の解決を支援していくのがカウンセリング。一方、組織に対して、生産性の向上につながる提案や助言などを行うのがコンサルテーションです」。カウンセラーとしても、コンサルタントとしても、活動しているのだ。

「これまで、産業分野で働くカウンセラーは、すでに心身に影響が出ている状況に対応することがメインだったかと思いますが、これからは健康な状態をより健康に保ち、従業員が安心して仕事に集中していきいきと働けるための予防的な対応がますます求められるはずです。従業員、経営者、双方がハッピーになるサービスをめざしています」と山川さん。

「今後は、海外で生まれたEAPが、より日本の風土に合ったものになるよう工夫し、展開していきたいですね」。

（取材は2015年9月）

会議室でケースカンファレンスを行う

第2章 5.
司法・法務・警察などの領域にも活躍の場が

●**司法や法務といった場で心理職が働く意義**

　安心・安全な社会をつくるためには、犯罪を起こした人をただ罰するのではなく、再び過ちを犯すことのないよう更生させることも重要です。こうした観点から、明治以来、約100年続いた監獄法は大きく変更。「刑事収容施設及び被収容者等の処遇に関する法律」が2006年に施行されました。

　おもな改正点のひとつが「受刑者の社会復帰に向けた処遇の充実」です。これにより、「作業」のみだった受刑者の処遇に加えて、社会復帰に必要な知識・生活態度を習得するための改善指導も行われるようになりました。そして、受刑者一人ひとりに合った処遇を実施するために、心理職の役割がいっそう重視されるようになったのです。

　矯正施設での仕事のほかにも、犯罪の捜査や、非行を起こした少年の調査などでも心理学の知見は活かされています。

●**警察の捜査や被害者支援**

　警視庁や各道府県警の科学捜査研究所では、犯罪の捜査で心理学が応用されています。ここでの心理職は、おもに「ポリグラフ検査」と「犯罪者プロファイリング」を担当します。ポリグラフ検査では、質問に対する容疑者の生理反応を測定・記録・分析し、犯罪者プロファイリングでは、事件リンク分析、犯人像推定、地理的プロファイリングなどを実施します。これらの活動を通じて、現場の捜査活動を支援しているのです。

　また、警察では、少年非行に関する相談や犯罪被害者への支援に携わってい

矯正施設
刑事施設（刑務所、少年刑務所、拘置所）、および少年院、少年鑑別所、婦人補導院のこと。

非行少年
(1)14歳以上20歳未満で罪を犯した少年、(2)刑罰法令に触れる行為をした14歳未満の少年、(3)保護者の正当な監督に服しない性癖があるなど、その性格や環境から判断して、将来、罪を犯し、または刑罰法令に触れる行為をする懸念のある少年。

る臨床心理士もいます。

● **家庭裁判所の調査官**

家庭裁判所は、夫婦や親族間の紛争や問題を調停などによって解決するほか、非行少年の処遇の決定などを行う機関です。その審判にあたっては、法律面だけでなく、問題の背後にある人間関係や環境を考慮することが求められます。

その中で、家庭裁判所調査官は、心理学、社会学といった行動科学にもとづく知見や技法を活用して、問題解決に向けた調査活動を行います。

例えば、非行に関しては、問題を起こした少年やその保護者を面接し、少年が非行に至った動機、生活環境などを調査します。この面接は警察での取り調べとは違い、臨床心理の技法を使って、本人の立ち直ろうとする力を支援する姿勢が求められます。時には、心理テストを実施したり、家庭や学校などを訪問したりして、多角的な視点から情報を集めます。この調査の過程で、学校や児童相談所、保護観察所などの関係機関と連携して、少年の立ち直りを支援するのも大事な仕事です。

家庭裁判所調査官になるためには、家庭裁判所調査官補として採用後、約2年間の研修を受ける必要があります。

● **矯正施設で働く法務技官（心理）**

法務技官（心理）は、法務省専門職員（人間科学）採用試験・矯正心理専門職区分により採用される国家公務員です。少年鑑別所や少年院、刑事施設（刑務所、少年刑務所及び拘置所）などで働きます。職場では、心理学の専門的な知識・技法を生かし、かつ人間的な温かい視点を持ちながら、非行や犯罪の原因を分析していきます。そして、対象者一人ひとりの特性や状況に合わせて、社会復帰に向けた支援の方針を立てます。

少年鑑別所での仕事については、P.72のルポをご覧ください。刑事施設では、受刑者の改善更生のため、面接や各種心理検査を通して、知能や性格といった資質上の特徴、犯罪に至った原因を明らかにし、処遇の方針を決めます。そして、その結果に合わせて改善指導プログラムを実施したり、受刑者に対するカウンセリングを行ったりします。

司法・法務・警察などの領域にも活躍の場が

第2章

6. 大学院での研究や後進の指導に携わる人も

●**研究に興味がある人は博士課程（後期）へ**

臨床心理士は求められる専門性が高く、そして活動領域があまりにも広いため、資格取得までに身につけなくてはならない知識・技能がたくさんあります。そのため、修士課程では臨床心理学全般を学ぶことに忙しく、自分が興味のある分野を納得するまできわめるのは時間的に厳しい……と感じる人もいます。

そのため、臨床心理士指定大学院の修士課程あるいは博士課程前期を修了し、臨床心理士の資格を取得したあとも大学院にとどまり、自分が見いだしたテーマを追求するべく研究生活を続ける人もいます。その場合、臨床心理学の研究・臨床心理士の養成を行いながら、その大学の心理相談室や臨床心理センターで臨床活動を続けるパターンが目立ちます。

近年、注目を集めている研究テーマとしては、「犯罪被害者支援」「認知症患者をはじめとする高齢者支援」「再犯防止」「子育ての支援者の支援」「がんサバイバー支援」「PTSD対策」などがあります。これらはすでに社会からの要請の高い分野ですが、このほかにも自ら臨床心理士の活動領域を開拓していくような、新しい研究テーマを模索している人もいます。

●**さまざまな研究手法**

心の問題への援助で求められるのは、有効性が科学的に実証された技法や知見です。人の心という目に見えないものを、科学的に、実証的に分析する……、それを実現する手段として、臨床心理学の研究では以下の手法が用いられています。

参与観察
あるコミュニティに、その一員となって参加し、聴き取り調査などを通じてそのコミュニティを観察するという手法。

・質的研究：事例研究

　カウンセリングや心理療法を行った事例をつぶさに検証することで、より効果的な心理臨床のあり方を検討します。一つの事例を時系列で追うこともあれば、複数の事例を比較検討することもあります。近年は、事例研究においても実証性、有用性が問われることが多くなり、単なる「面接経過の報告」にとどまらない、観察・記述・評価をある一定の基準にのっとって行う姿勢が求められるようになっています。

・質的研究：フィールドワーク

　相談室ではなく、例えば福祉施設など実際に支援が必要な現場へ赴き、聞き取り調査や参与観察を行って、その実態を調査、分析します。

・量的研究：質問紙法、知能検査法、投映法などを用いてデータを収集し、そのデータを統計的な手法で分析。例えば、ある介入方法の効果を客観的に分析、実証したいときなどに用いる方法です。

●研究の倫理

　臨床心理学の研究は、クライエントの協力なしには成り立たないものです。研究にあたっては、臨床心理士の倫理網領を遵守し、対象者のプライバシーの保護に細心の注意を払う必要があります。また、研究の協力を求める場合は、可能な限り研究目的をクライエント本人に伝え、理解と承諾を得ることが重要です。そして、クライエントの心身に負担をかけないようにします。

●後進の指導

　大学院は、研究機関であると当時に、研究で得られる知見を後進へ伝えるという教育機関でもあります。特に臨床心理士は一人職場に就職することが多いため、在学中に実証的な知見や技法を積極的に伝えていく必要があります。

　心理臨床の技法を伝えるために、教育の現場でよく使われるのが事例研究の体験学習です。心理臨床は個別性が高いため、その事例ならではの問題や課題を掘り下げる事例研究は、臨床心理士に必要な技法を育てるのに有効なのです。

　また、学生や卒業生の依頼により、臨床活動に対するスーパービジョン（P.82を参照）を実施するのも大切な役割です。

発達障害児に対する支援はどのようなもの？

answer
本人はもちろん周囲の人への働きかけも行います

2005年に「発達障害者支援法」が施行。2007年には特別支援教育が導入され、障害特性に応じた指導が模索されるようになるなど、発達障害を持つ子どもへの対応が注目を集めています。臨床心理士も、医療・保健、教育、福祉……と、あらゆる活動領域で発達障害児への支援に取り組んでいます。

当事者への支援としては、発達検査や知能検査、行動観察などによるアセスメントを実施し、発達の遅れやかたより、生活上問題となる行動などを明らかにします。その上で、本人の特性に合った心理療法や療育プログラムを実施します。

発達障害による問題や「困り感」は、人とのかかわりの中で顕在化することが多いと考えられています。そのため、当事者だけでなく、そのまわりを取り巻く環境を調整するよう周囲に働きかけることも重要になります。とりわけ家族への支援は重要で、家族のとまどいを受け止めながら、障害の特性やそれをふまえた接し方を、わかりやすく説明することが求められます。

当事者が集団生活を送る年齢になっている場合は、その子が通う保育園や学校などと連携を取りながら、必要に応じてコンサルテーションを行うことになります。

発達障害による問題や「困り感」は、本人の成長とともに変化していきます。そのため、乳幼児期、学齢期、思春期、青年期から就労まで、そのとき、その状況に応じた支援が必要になります。発達障害児・者に対する支援を、途切れることなく適切に実施していくため、心理職は「次の成長段階」を視野に入れながら、多職種と連携していく必要があるでしょう。

● 第2章

臨床心理士の職場がわかった?

臨床心理士がおもな職場でどのような仕事をしているか、
まとめてみましょう。

病院・クリニック
- ■ 精神科や心療内科での心理相談
- ■ 緩和ケア病棟での患者や家族の支援
- ■ 医療スタッフの支援

児童相談所・児童福祉施設
- ■ 子どもの発達の相談業務全般
- ■ 障害のある子どもの療育
- ■ 虐待の予防
- ■ 家族への支援

保健所・保健センター
- ■ 依存症の相談
- ■ 乳幼児の発達検査
- ■ ひきこもりの相談援助
- ■ 家族や関係者への支援

企業の健康管理室・外部EAP機関
- ■ 企業で働く人のメンタルヘルス支援
- ■ 職場内へのコンサルテーション
- ■ 医療機関との連携

小学校・中学校・高等学校
- ■ スクールカウンセラー
- ■ 保護者の心理相談
- ■ 教職員の心理的ケア

家庭裁判所・少年鑑別所・警察機関
- ■ 家庭裁判所調査官としてかかわる
- ■ 法務技官として非行少年の面接を行う
- ■ 科学捜査研究所などでの検査等

教育相談室・教育センター
- ■ 不登校や発達障害の相談
- ■ 関連機関との連携
- ■ 来所・電話・メールでの相談

大学・研究所
- ■ 臨床心理学の研究
- ■ 相談室での心理相談
- ■ 養成校で後進の指導にあたる

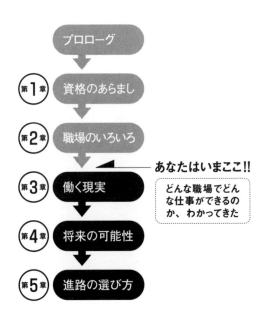

第3章

職業生活の実際は……

臨床心理士の働く現実はどのようなものでしょうか。
常勤の職員として、あるいは複数の職場で、
心のケアが求められる分野で活躍する臨床心理士。
長く続けたい仕事だからこそ、
収入面や勤務時間、休日は気になるところ。
仕事の充実度も一緒に見ていきましょう。

第3章 1. どのような場所や条件で働いているの?

●保健・医療領域、教育領域で働く人が多い

　臨床心理士の資格認定がスタートしたのは1988年。それから27年、2015年4月1日現在で2万9690名の臨床心理士が誕生しています。かれらは、どのような活動領域で、どのような待遇で働いているのでしょうか。

　臨床心理士＝カウンセラーというイメージを持っている人は、私設カウンセリングルームで働く姿を連想するかもしれませんが、そういった人は少数派です。「第6回『臨床心理士の動向調査』報告書」(2012年、日本臨床心理士会)によると、主たる勤務領域としてもっとも多かったのは保健・医療領域で、約3割にのぼります。その勤務先のほとんどが、病院や診療所です。ちなみに、教育など他の領域をおもな活動領域としつつ、保健・医療領域でも働いている人も入れると、実に4割を超える人がこの領域で活躍していることになります。公認心理師という国家資格が誕生したことで、今後はさらに保健・医療領域で働く心理職が増加すると考えられます。

　次いで多いのが、教育領域の約2割です。自治体からの派遣などで学校のスクールカウンセラーとして働くほか、公立の教育相談機関に勤務している人もいます。大学・研究所領域は約1.5割。大学などで教育・研究に携わっている人と、相談業務に携わっている人が、およそ3：2の割合でいます。福祉領域は約1割で、そのほとんどが児童福祉施設で働いています。社会的養護に携わる乳児院や児童養護施設で、心理職の採用に関して一定

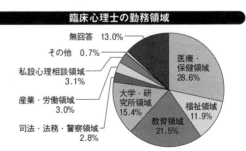

臨床心理士の勤務領域

- 無回答 13.0%
- その他 0.7%
- 私設心理相談領域 3.1%
- 産業・労働領域 3.0%
- 司法・法務・警察領域 2.8%
- 大学・研究所領域 15.4%
- 医療・保健領域 28.6%
- 福祉領域 11.9%
- 教育領域 21.5%

(資料：日本臨床心理士会「第6回『臨床心理士の動向調査』報告書」2012年)

の基準が設けられていることを反映しているからでしょう。

●**常勤の人は約半数**

次に、働く際の待遇を見ていきましょう。雇用形態は、大きく分けると常勤、非常勤の2つがあげられます。常勤とは、「1日8時間×週5日の週40時間勤務」というように、勤務先で定められた所定の労働時間を満たして勤務することをいいます。一方、非常勤は、所定の労働時間より短い、例えば「1日8時間、週1日」というような勤務形態で、仮に高い時給であったとしても、総収入や福利厚生の面で不安定になります。

先の動向調査が行われたときは、まだ心理職の国家資格が誕生していなかったこともあって、各機関への心理職の配置に関しては、「○○施設には利用者△人につき心理職を□人配置するべし」といった制度化や、医療における心理職の役割に対する保険点数の適用がさほど進んでいませんでした。

そのため、常勤のみで働いている臨床心理士は33.5％にとどまっています。残りは、常勤と非常勤のかけもちが14.2％、非常勤のみが45.0％です。平均勤務日数から見て、常勤職が比較的多いと考える領域は、公務員採用のある司法・法務・警察領域です。ただし、その採用枠は決して多くはありません。

以上のように、現時点では常勤採用の枠が十分とはいえない状況ですが、心理職の必要性が認められつつあり、また公認心理師という国家資格が誕生したことで、今後は医療・保健領域や福祉領域などでも常勤での採用が増えていくのではないかと考えられています。

●**非常勤の人は複数の場所で勤務**

非常勤の人が多いためか、動向調査では半数の人が複数の職場で働いています。特に「1校に週1日派遣」という形態がほとんどであるスクールカウンセラーは、複数箇所の勤務になることが多いようです。

この本の取材に協力してくださった方の中にも、「週にスクールカウンセラーとして3校（3日）と、教育相談室に2日」「教育相談室が週に2日、スクールカウンセラーとして1校、クリニックに週1日」「3

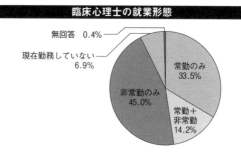

臨床心理士の就業形態

無回答 0.4％
現在勤務していない 6.9％
常勤のみ 33.5％
常勤＋非常勤 14.2％
非常勤のみ 45.0％

（資料：日本臨床心理士会「第6回『臨床心理士の動向調査』報告書」2012年）

つの医療機関をかけもちして週に5日勤務」といった働き方が目立ちました。
　取材の中では、複数の職場で働くことについて、「さまざまな現場で経験を積むことができてありがたいと思っています。今しばらくは現場で経験を積みたいと考えています」という声も聞かれました。

●24時間対応の職場は夜勤があることも

　勤務時間帯は職場によってさまざまです。乳児院や児童養護施設といった入所型の施設や、児童相談所、少年鑑別所、刑務所など24時間対応の職場で働く場合は、遅番や夜勤、宿直などがある場合も。そうした職場では、休日についても「週休2日だが必ず土日に休めるとは限らない」ことがあります。
　また、心理相談や電話相談を、働く人や通学する人からもアクセスしやすい時間帯でも受け付けている職場では、夕方や土日に仕事が入ることもあります。取材に協力してくださった臨床心理士の中には、昼間は病院や学校などで勤務して、夜や休日に私設相談室を運営している臨床心理士も複数いて、そういった場合は、「予約が入らない日だけ休み」ということになります。
　その一方で、自分自身の子育てや介護と仕事を両立するため、週に2〜3日、昼間だけ働いている臨床心理士もいます。

●収入や福利厚生は勤務形態による

　常勤と非常勤の割合が同じくらいであることを反映してか、収入もさまざまです。もっとも多いのは300万円台の人で20.0％。これが中央値です。続いて200万円台が16.4％、400万円台が14.9％となっています。また、年収500万円以上の人が約4分の1にのぼる一方で、100万円未満の人も5.0％います。
　病院や福祉施設など、民間の常勤職員として採用される場合、初任給は20万円前後であることが多いようです。
　公務員の場合、例えば少年鑑別所に勤務する法務技官（心理）は、専門職として、一般の国家公務員に適用される行政職よりも12％程度高い給与体系となっていて、東京都特別区内に勤務する場合の初任給は23万3640円（2014年度現在）。このほかに、各種手当（扶養手当、住居手

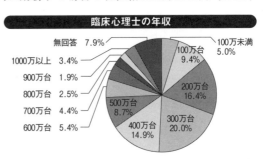

（資料：日本臨床心理士会「第6回『臨床心理士の動向調査』報告書」2012年）

当、通勤手当、期末・勤勉手当、超過勤務手当など）が支給されます。

児童相談所など公的機関で働く場合、地方公務員の行政職として採用される場合もありますが、「非常勤」「週30時間勤務の嘱託」といった待遇も少なくありません。

非常勤の場合は時給にばらつきがあり、動向調査では「1000円以上2000円未満」が約14％、「5000円以上6000円未満」が約11％となっています。これは、自治体派遣のスクールカウンセラーの時給が5000円台であることが多いためと考えられます。

なお、公務員や常勤職員の場合は、職場の社会保険に加入します。一方、非常勤などで勤務日数・時間が社会保険の加入要件を満たさない場合は、自分で国民年金保険料・国民健康保険料を納めることになります。

心理職には高い専門性が求められ、仕事のやりがいもあるのですが、その一方で、経済的な安定が約束されているわけではない、という厳しい面があることも事実です。雇用形態のところでも述べたように、「公認心理師法」施行後は公認心理師の雇用面が変化する可能性はありますが、まずは臨床心理士をめざすにあたっては、この点について本人の覚悟と家族（結婚している場合は配偶者）の理解・協力が必要になるでしょう。

● キャリアプランをしっかり考えて

心理職の雇用形態や給与・福利厚生は、首都圏・地方、国公立・私立、常勤・非常勤などによってさまざまです。自分の収入で家族の生活を支えなくてはならない場合、常勤での雇用や公務員にこだわりたい場合もあるでしょう。その場合は、学生時代から実習でコネクションをつくったり、早い段階から公務員試験対策を綿密に行ったりしておく必要があります。

経済面に関しては家族の理解と協力が得られるので、しばらくはさまざまな場所で経験を積みたい……と、非常勤を選ぶこともあるでしょう。その場合も、将来、どのような職場でどのような仕事をしたいのか意識しながら、能動的に勤務先を選ぶとよいでしょう。

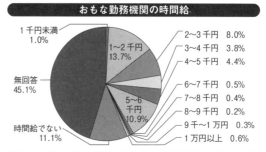

おもな勤務機関の時間給

- 1千円未満 1.0%
- 1～2千円 13.7%
- 2～3千円 8.0%
- 3～4千円 3.8%
- 4～5千円 4.4%
- 5～6千円 10.9%
- 6～7千円 0.5%
- 7～8千円 0.4%
- 8～9千円 0.2%
- 9千～1万円 0.3%
- 1万円以上 0.6%
- 時間給でない 11.1%
- 無回答 45.1%

（資料：日本臨床心理士会「第6回『臨床心理士の動向調査』報告書」2012年）

どのような場所や条件で働いているの？

ルポ❺
取材先◎横浜少年鑑別所
しごと◎法務技官

法務技官として、少年自身が自らの内面と向き合えるように援助。地域住民の心理相談にも尽力したい

■少年の立ち直りを支援する仕事をめざして公務員試験にトライ

　横浜市営地下鉄の駅から徒歩5分ほど、住宅地や保育園のすぐそばにある横浜少年鑑別所。建物の受付で用件を告げると、「おはようございます」と、柔らかい笑顔で髙須賀雅美さんが出迎えてくれた。髙須賀さんはここの考査職員として働く法務技官（心理）。法務省の試験によって採用された国家公務員だ。
　この仕事を選んだ理由について髙須賀さんは語る。「きっかけは、大学院の実習で、罪を犯して保護観察中の成人の心理相談にかかわったことです。その人があまりに普通の雰囲気だったので『人はなぜ罪を犯すのか』『誰しも刑務所に行く可能性があるのでは』といったことに興味を持つようになりました」。法務技官に就くには臨床心理士の資格が必須ではないが、成長途中で可塑性の高い少年の、非行からの立ち直りを支援したいと考えるようになったという。
　「非行や犯罪の防止にかかわる仕事に就いているのは、多くは公務員です。公務員試験は倍率が高く難関なので、準備は修士1年の頃から臨床心理士の勉強のすきま時間に取り組みました」。試験は、法務省の専門職員のほか家庭裁判所調査官など、少年の更生にかかわれそうな職業の試験に複数挑戦。その結果、法務省専門職員（人間科学）の採用試験に合格、横浜少年鑑別所に配属された。

■非行少年の鑑別業務を担う少年鑑別所

　そもそも少年鑑別所とはどんなところなのだろうか。「よく少年院と混同さ

横浜少年鑑別所●DATA
少年鑑別所は、1949年に少年法及び少年院法の施行により発足した法務省所管の施設。全国に52か所設置されている。横浜少年鑑別所は、職員数53人。地域援助の一環として、よこはま法務少年支援センター（青少年心理相談室）で一般の心理相談も受け付けている。

れますが、役割が違います。少年鑑別所では、非行少年にどのような処遇や援助が必要なのか、本人への面接や心理検査などをもとに調べ、指針を提示します。これが鑑別業務です。そして、その指針などを参考に、家庭裁判所が少年の処遇を決めるのです」。

●追いかけた人

髙須賀雅美（たかすが　まさみ）さん／1988年千葉県生まれ。2011年埼玉大学教育学部卒、小学校1種など教員免許取得。13年国際医療福祉大学大学院医療福祉学研究科臨床心理学専攻修了後、現職に就く。14年臨床心理士資格取得。

　家庭裁判所での審判の結果、矯正教育が必要と決まれば、少年院に収容される。ただし少年院に収容されるのは、少年鑑別所に送られた少年のうちの一部であり、多くは、定期的に保護観察所の指導を受ける保護観察となる。

　この日は、10時30分から少年鑑別所の寮の一室で、収容されたある少年に対して面接が行われる予定になっている。予定時間の少し前、髙須賀さんは寮の入り口ドアの鍵を開け、中へ。入ったら、すかさず施錠する。収容されている少年が逃走しないよう、職員は鍵の開け閉めを徹底している。面接室でも、少年は部屋の奥側に座り、職員はドアの前に座る決まりだ。

■一般のカウンセリングとは異なる鑑別面接

　定刻となり、部屋で少年と向かい合った髙須賀さん。「はじめまして、少年鑑別所の職員で、あなたの面接担当になります。よろしくお願いします」とあいさつ。名前や生年月日を尋ねたあと「今回の事件がどうして起きたか、話しながら一緒に整理していきましょう。必要があれば心理検査もします」と面接の趣旨を説明する。そして、事件を本人がどうとらえているのか、家族とのかかわりは今までどうだったかといったことについて聞いていくのだった。

　こうした鑑別面接は、一般的な心理カウンセリングとは異なる点が多い。「まず、本人の意識が違います。カウンセリングの来談者（クライエント）は自分の意志でやって来ますが、鑑別面接に来る少年はそうではありません。面接に対する期待も動機づけも決して高くないのです。そこでまず、面接の最初に、どんな共同作業に取り組むのかをきち

鑑別面接では、まず面接の趣旨を説明したあとに聞き取りを行っていく

んと伝え、少年自身が自らの内面を見つめることができるよう援助しています」。また、相手とかかわれる期間も異なる。問題を起こした少年が少年鑑別所に収容されるのは、たいていは4週間。重大事件に関与するなどした場合で最長8週間だ。「与えられた時間が短いですし、少年鑑別所の機能上、鑑別面接では少年をありのままでとらえることが重視されます」。

そんな限られたやりとりの中でも、混乱していた少年が自分の内面を見つめ、「だからこんな事件を起こしてしまったのか」と自ら気づく瞬間がある。「そんな気づきを共有できたとき、この仕事をやっていてよかったと感じます」。

■他の担当者と情報交換も

少年の処遇についての鑑別結果は、「科学的」で「客観的」であることが求められる。心理学の知識のほか、医学、社会学、教育学などの知見も必要とされるのだ。そのため、面接や心理検査の結果だけで判断をするわけにはいかない。他職種からのさまざまな意見や情報も取り入れ、統合するのだ。

例えば、家庭裁判所調査官とのカンファレンスで、保護者の話や家庭環境、非行歴などに関する情報を入手。少年鑑別所の寮で少年の生活を見守る観護職員からは、寮でどんな言動をとっているのかを聞き、面接内容と食い違いがないかなどを確認する。また、上司や同僚の考査職員と、自分が実施した面接や心理検査について、結果の解釈などについて相談することもある。

髙須賀さんは、こうした他職種とのやりとりを、面接や心理テストの合間をぬって行っている。しかも1人の少年の事例にかかりきりというわけではなく、複数の少年に関する業務を同時進行でこなさねばならない。

■少年の処遇を判断する判定会議に出席

11時40分からは、ある少年の判定意見をどうするか判断する判定会議が行われた。会議には、髙須賀さんのほか、少年鑑別所の所長、考査職員のチーフ、観護職員、医務課長などが参加。会議では、髙須賀さんが少年の状況(事件を起こした背景、事件の流れ、被害者への対応など)について具体的に説明。また、観護職員や医務課長もそれぞれの立場から見解を述べていく。会議の中で大きく取り上げられるのは、少年が起こした事件の内容、その計画性や常習性

ある日の髙須賀さん

8:30	9:00	10:30	11:20	11:40	12:15	13:00	13:30	15:00	16:30	17:00
出勤・朝礼	事務作業(資料整理・面接の準備・書類作成)	少年Aとの面接	観護職員との情報交換	少年Bの判定会議	休憩	家庭裁判所調査官とのカンファレンス	少年Cとの面接	少年Dの心理検査	考査職員との事例検討	退勤 事務作業が片付き次第

など。そして、本人の資質や周囲の環境からみた再非行の可能性、非行性の程度、保護の必要性なども、具体例をあげながらチェックされていく。

今回の少年の処遇について、髙須賀さんは「まわりの支援を素直に受け止められる性格。そして、本人に就労の意志もあるので、就労が維持できそうなら保護観察でよいのでは」という考えだ。一方、「性格的に利用されやすく、流されやすいところがある。また、指導が入りづらいところがあるので、少年院に収容して、適切なものの見方を身につけさせたほうがよい。少年院で資格を取るようううながしてもよいのでは」という意見もあった。ひととおり見解が出そろったところで、最後に少年鑑別所の所長が「非行歴は初発で、仕事も2年続けたという実績もある。以前と同じところで少年を雇ってもらえるのなら、今回は保護観察でどうか」と発言。これをふまえた内容で、家庭裁判所に提出する「鑑別結果通知書」を髙須賀さんが作成することとなった。

判定会議の意義について、髙須賀さんは「少年と各担当者が一対一でやりとりしていたことを、それぞれが報告することで、論点が整理されていきます。また、多様な専門職の目で少年と事件を俯瞰し直す（全体を見渡す）ことで、より適切な判断ができるというわけです」と話してくれた。

■地域援助の一環として一般の心理相談に対応

鑑別業務のほか、少年鑑別所には別の業務もある。それが、地域社会における非行・犯罪の防止に関する援助だ。これは、2015年に少年鑑別所法が新たに施行されたことで重視されるようになった機能だ。その一環として行われているのが、一般の人々のための心理相談だ。「非行を専門に手がけてきた少年鑑別所の相談室ということで、家出や万引き、薬物使用などに関する相談が多いです」。髙須賀さんも、市民からの依頼に応じてこうした心理相談に対応している。

「これからは、子どもの問題行動で悩むご家庭や地域の方々にも効果的な援助が行えるようになりたいですね」。

（取材は2015年10月）

判定会議では、少年の処遇についてそれぞれの見解を述べていく

〈インタビュー 3〉

私設相談室を運営する臨床心理士にきく

「自分の臨床」をするため自宅を私設相談室に

話をきいた人●大塚　充さん

——一週間、どんなスケジュールで働いているのか教えてください。

　平日は、東京都のスクールカウンセラーとして週3回、地域の教育相談室の教育相談員として週2回働いています。そして土曜と日曜に、自宅で私設相談室を開いています。私設相談室では月3〜4ケースを持っています。

——なぜ私設相談室を開業しようと思ったのですか。

　学校や教育相談室でのカウンセリングと、私設相談室のカウンセリングと、使う手法に変わりはありません。ただ、組織でのカウンセリングは、組織の「イズム」（存在意義）がどうしても関係してしまいます。例えば、スクールカウンセラーや教育相談室なら、不登校の子どもに対しては、「学校に来られるようになる」ことを目標に設定することになります。しかし、私個人は、クライエントの個性によっては「学校に行かない」という選択もあるのではないかと考えています。そうした、「自分の臨床」を提供する場がほしいという思いから、私設相談室を始めることにしました。

——私設相談室では、どのような支援活動をメインになさっていますか。

　おもに思春期臨床に関する相談に対応しています。特に多いのが、子どもの不登校を含む集団不適応や対人コミュニケーションに関する悩みですね。ほとんどは保護者との対話型の面接ですが、子ども本人が来ることもあります。

　私の臨床実践の肝となっているのは、思春期心性に関わる内容（インナーチ

ャイルドなど）なので、カウンセリングでは、その人の内面にある「内なる子ども」を大切にするよう心がけています。

——**私設相談室を「週末のみ」「自宅で」運営している理由は。**

日本ではお金を払ってカウンセリングを受ける習慣がまだ根づいていません。そんな状況の中で、カウンセリング専用の事務所を借りるのは、資金的な負担が大きい。無理のない範囲で、じょじょに実績を積んでいくつもりです。

——**注意していることはありますか。**

私設相談室では自分が責任の主体であり、自分の考え方の癖、立ち居振る舞いなどがすべて面接に反映されます。自分の思い込みや万能感を満たしたい欲求から、クライエントに不利益をもたらすようなことはあってはなりません。常に自分と向き合い、厳しく自分自身を見つめることが必要です。そこで、積極的に臨床心理士の仲間やスーパーバイザーから見解を求める機会をもち、仲間と学び合う研究会をこまめに開くなどして、スキルアップを心がけています。

また、公私の線引きにも気をつけています。クライエントとセラピストの双方を守るには、自宅とは違う場所にカウンセリングルームを設けるのが理想です。現在はそれがむずかしいので自宅の一室を使っていますが、その部屋はカウンセリング専用にするなどして、差異化に心がけています。面接時間も1回50分を基本とし、その場をコーディネートしています。

——**クライエントを確保するために広報活動などはしているのですか。**

現在は、臨床心理士の仲間からの紹介、口コミでの相談依頼のみ受け付けていて、広報活動などはしていません。限られた時間の中で支援の質をキープするため、むしろ受理ケースを増やしすぎないよう注意しているところです。

——**今後の展望をお聞かせください。**

私設相談室のウェイトを少しずつ上げ、当面は仕事の5割くらいに移行していきたいと考えています。それを実現するには、不登校・発達障害の子どもなどを対象とした治療的家庭教師や、発達査定、研修会開催など、プラスアルファの支援を展開する必要があるでしょう。まだまだ発展の途上ですが、「自分の臨床」にこだわっていきたいですね。

（取材は2015年10月）

おおつか　みつるさん

1971年生まれ。大分大学大学院修了。大分県科捜研を経て2004年学習院大学大学院人文科学研究科修了。05年臨床心理士資格取得。平日はスクールカウンセラー等としても勤務しながら、10年より開業。

第3章 2. 精神的な満足度は？

●一般的な対人援助職とは異なる側面も

　その人がもともと持っている「生きる力」を、取り戻せるよう支援する——。そういう意味で、心理職は大きくみれば対人援助職という一面を持っています。そこに魅力を感じて心理職になった人は、「クライエントがよい方向に向かっていると感じた」「クライエントと、心の深い部分で通じ合えたと思えた」「気づきを共有できた」といった場面で、クライエント本人のがんばりに感動するとともに、やりがいや達成感を覚えることでしょう。

　こうした「役に立てた」「気持ちを共有できた」という喜びは、看護師や保育士、介護職といった他の対人援助職にもみられるものです。ただ、心理職の場合、「やりがいや充実感を感じたときは、『自分の自己実現にクライエントを利用していないか』『自らの満足のためにクライエントに不利益をもたらしていないか』注意が必要」という歯止めがかかるところに特異性があるかもしれません。

　常に自分と相手の関係性を俯瞰しながら、相手はもちろん自分の心のありようも客観的にとらえながら、仕事をする。相手の心をありのままにとらえ、相手が自覚していなかったニーズを掘り起こし、「触媒」のように作用して、相手が自ら変わっていく様子を黒子として見守る。そこに心の専門家としてのむずかしさとおもしろさがあるのです。

●自ら仕事をつくり出す創造性

　心理職に対する社会的なニーズは高まってはいるものの、関連制度の整備が

進んでいないため、現時点では仕事の専門性に見合った職場環境や待遇が十分に整っているとは言いがたいのが実情です。就職したところ、自分が職場では初の、そしてたった1人の心理職だった……ということも、まったくないとは言い切れません。その場合は、「心理職ってどんなことをしてくれる人なの?」という期待を背負いながら働き始めることになります。そして、職場で働く他職種の役割をしっかり理解しながら、心理職としてなすべきことを見つけ、自分の仕事をクリエイトしていくのです。決して簡単なことではありませんが、その創造性にやりがいやおもしろさを見いだす人もいるでしょう。

●他職種と連携を取りながらフットワーク軽く動く

もうひとつ、働き始めてからむずかしさ、そしておもしろさを感じることになるのが、他職種との連携です。「心理職は、面接室でクライエントと一対一で心理検査やカウンセリングをする」というイメージを持つ学生が多いのですが、実際はそれだけではありません。実際に働く臨床心理士のルポでわかるように、クライエントを支援するには、さまざまな職種の人との連携が必須です。

クライエントの声に耳をすませて「何を望んでいるか」をすくいあげる共感能力だけでなく、クライエントを支援するために何が必要なのか、そのために必要なプランを考える企画力、他職種・他機関と連携するコミュニケーション能力など、さまざまな能力を発揮する機会があるのです。

面接室でクライエントと話すのを待つだけでなく、フットワーク軽く活動をする──。心理職は、ダイナミックな(状況に合わせて、変化したり、選択できたりする柔軟性を持っている動的な)仕事でもあるのです。

●休日も研修などで充実

臨床心理士は、自分の心理臨床能力を維持発展させ、資格を維持し続けるために、研修や臨床経験などで所定の成果を上げる必要があります。また、高い専門性を要求される仕事の内容そのものが、生涯にわたる学びを要求します。そのため、多くの臨床心理士が、資格を取得して念願の心理職に就いたあとも、休日にも仲間と勉強会を開いたり、研修会に参加したり、スーパービジョン(P.82参照)を受けるなどして、意欲的に学び続けています。

第3章 求職活動の実際は?

●頼りになるのは人とのつながり

　事務職や営業職なら大手企業による募集があり、その場合は学生向けの就職サイトからエントリーする、就活フォーラムに参加する……といった手順で就職活動を始めるのが一般的です。

　しかし、心理職を募集する事業所は、社会福祉法人や医療法人、自治体などが多く、一般的な「就活」の手順では見つけづらいところが多いのです。

　では、心理職の募集はどうやって探すのかといえば、もっとも頼りになるのは、人とのつながりです。取材では次のような方法で仕事を見つけたという声がありました。

・指導教官やゼミの先輩から紹介された
・大学院でティーチング・アシスタントをしていたら、専任スタッフになるよう教員から声をかけられた
・学生時代の実習先から「うちに来ないか」と声がかかった
・非常勤として働いている事業所の同僚から紹介を受けた

　こうした、「人からの紹介で仕事を見つけた」パターンが取材では多く聞かれました。

●信頼関係を地道に築いて

　仕事を紹介してもらうには、「この人なら大丈夫」と周囲から信頼されるよう、日頃から努力することが重要です。

　大学院での実習や、非常勤の仕事を、一つひとつ誠実にこなすことで、経験

ティーチング・アシスタント
Teaching Assistant。大学などで、教員の指示のもと、授業のサポートを行うこと。あるいはそれを行う学生のこと。TAともいう。

を積みながら信頼関係を築くことが必要なのです。

また、自分の希望の仕事に少しでも近づくには、「こんな仕事をしてみたい」「こんなところで働きたい」といったことを、日頃から周囲にアピールすることも大事でしょう。

● **粘り強く情報収集を**

特に新人のうちは非常勤採用となることが多く、働き口を複数見つける必要があります。人からの紹介以外にも、粘り強く採用情報を集める必要があるでしょう。例えば次のような方法で見つけた人もいます。

・地元の臨床心理士会に所属し、掲示板などで情報を得る
・こまめにインターネットで「○○県　スクールカウンセラー」と希望する職種で検索
・公務員をめざしていたので、大学院に進学すると同時に試験準備をスタート。職種を絞り込みすぎず、関連職種も探し、複数の自治体の公務員試験に挑戦
・ハローワークに出されている求人情報もチェック
・研究生の面接に行った他大学の事務所で見つけた求人票の職場に応募

学校の就職課はもちろん、ウェブ、ハローワーク、求人広告などあらゆるところにアンテナを張り、「これは」と思う情報があればすぐに連絡を取ることが大事です。

● **活躍の場を自分で開拓**

心理職の募集をしていないところに、自らかけあい、心理職のポストをつくってもらうなど自分を売り込んだ人もいます。

募集が出ていなくても、「ここで働きたい」と思う事業所に、自分から問い合わせたり、心理職のポストがない病院に心理職の必要性をアピールして、採用につなげたりしたようです。

「仕事が見つからない」とあきらめず、断られることをいとわず勇気を持ってチャレンジすることも、時には必要なのかもしれません。

メモ 5

[資格取得後の学びとしては
どのような機会があるの?]

answer
スーパービジョン、学会や研修会などさまざまです

働き始めてから実際に心理臨床に携わるようになると、「自分の対応で問題ないのだろうか」と悩む場面が出てきます。そんなときに受けるとよいのが、自分の臨床行為に関する指導（スーパービジョン）です。

スーパービジョンとは、スーパーバイザー（指導者）に、自分が実際に行った心理臨床について継続的に教育・訓練を受けるというものです。スーパービジョンは、「自分の行った心理面接の技法やクライエントへのかかわり方について、具体的なやりとりをふりかえりながら検討する」「ケースの理解や概念化の能力を高める」「専門職としての役割を自覚する」「自分の内面やクライエントに対する気づきを深める」といった機会となっています。在学中の実習の際はもちろん、働き始めてからも、折にふれスーパービジョンを受けることで、臨床に関する自信がついていくのです。

また、より新しい知識、より深い知識を得るために、自分の興味のある学術団体の会員となり、その研修会や発表会に参加するという方法もあります。臨床心理士の資格を更新するための条件には、「関連学会への参加」も入っていて、例えば日本家族心理学会、日本小児精神神経学会、日本心理臨床学会、日本発達心理学会など、約50の団体が対象となっています。

学会のイベントをただ待つのではなく、研修会を臨床心理士仲間とともに企画し、興味のある分野の実践方法に関して、その分野の先駆者を招いて話を聞く……といった形で勉強を続けている人もいます。

● 第3章

臨床心理士の仕事はイメージどおり?

 臨床心理士の職業生活について、あなたの理解度をチェックしてみましょう。次のうち、正しいと思うものに○をつけてください。

1. 面接やカウンセリング以外の業務も多い
2. 勤務時間や休日は規則的だ
3. 人格者でなければ務まらない
4. 夜勤や当直がある
5. 就職先には困らない
6. つらい話が多く楽しい仕事とはいえない
7. 資格を取得したあとは、勉強する必要はない
8. 女性に向いた仕事だと思う
9. リッチな生活ができる
10. 毎日決められた仕事だけを行う

1	○	関係機関との調整などがあります。
2	△	週休2日が保障されている職場もありますが、その人の働き方によって異なります。
3	×	粘り強く、責任感を持ち合わせているならば、人格者である必要はありません。
4	△	児童福祉施設などでは、シフト制のところもあります。
5	×	売り手市場とはいえません。しかし、向上心を持ち学び続けることで、道は開けるでしょう。公認心理師としての働き方にも期待できます。
6	×	精神的につらくなるときもあるでしょうが、それを越える喜びを得られるときもあります。
7	×	研修会などで学び続ける努力が必要です。
8	△	女性が有利とされる場面もあるかもしれませんが、男性の臨床心理士も活躍しています。
9	△	お金に執着しすぎる人には向かないかもしれません。
10	×	対人援助職ですから、毎日同じということはありえません。柔軟さが求められます。

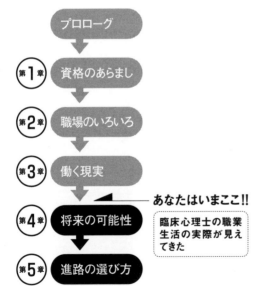

臨床心理士の、そしてあなたの将来は?

社会が急激に変化し、先の読めない現代では、
ストレスや心の問題をかかえる人が増えてきています。
これからの臨床心理士には、
どんな仕事が求められていくことになるのでしょう。

第4章 1.
心の専門職として他の専門職を支援

● 他職種を通じて間接的に人々を支援

　心理職が、面接室という限られた空間の中で心の問題をかかえた人を支援する——。より多くの人の心の健康を守るには、そうしたアプローチだけでは限界があります。心理職の支援対象は、地域の住民や学校、企業などに所属する人々（コミュニティ）までも含まれていて、そうしたコミュニティに対する支援を、「地域援助」「地域支援」などと呼んでいます。

　地域支援活動は、人々の生活実態に即して包括的に行う必要があるため、医療、福祉、教育、産業・労働といったさまざまな領域で展開され、他職種と密接に連携を取ることが必要になります。

　支援の対象となる人、そして他職種と、どのようにつながるのか、その方法はさまざまです。ひとつの方法が、他職種に働きかけて、間接的に人々を支援するというものです。

● 心の専門家として他の専門職を支援する"コンサルテーション"

　間接的な支援の方法として代表的なものが、コンサルテーションです。臨床心理士が行うコンサルテーションとは、コミュニティ内で支援を行う他の専門家に、心の専門家として働きかけ、よりよい支援が行えるようにするというものです。P.88で紹介する青木紀久代さんが力を入れている活動も、「子育て支援をする保育者を支援する」コンサルテーション活動のひとつです。

　コンサルテーションを行う際に大切なのは、そのコミュニティのルールや文化、コミュニティを取り巻く状況をきちんと把握することです。そして、コミ

ュニティで働く他の専門職の役割を尊重しながら、対等な立場でよりよい支援の方法を共に考えることなのです。

●提案・支援のマネジメントも

　臨床心理士ならではのコミュニティへの貢献活動はほかにもあります。臨床心理士の独自性は、実践家でありながら、調査などを通じた研究活動ができることにあります。さまざまな種類の専門職がありますが、このような特徴を持つ職種はあまりないのです。

　臨床心理士の独自性を生かして、どんな支援が必要とされているのか、支援の対象者はもちろん、支援をする他職種の言葉にも耳を傾け、あるいはアンケート形式で調査を実施して、どのように介入したらよいのか、つまり支援の内容を考えます。そして、コミュニティに対する支援の提案を行い、実践するためのプログラムを組み立て、運営やマネジメントを行うのです。

　「臨床心理士がマネジメント？」と不思議に思うかもしれませんが、他職種がどういう問題をかかえているのかなど、全体を見渡しながら調整ができるのは、心理臨床の技術を身につけた臨床心理士ならではの役割といえるでしょう。

　臨床心理士の研究力を生かした活動の具体例のひとつが、東京都のベイエリア地域の支援です。近年、ここには高層マンションが乱立し、新生児や待機児童が急増しているところです。こういった地域では、急激な変化に行政担当者が戸惑い、どのような子育て支援が必要か悩んでいます。これに対して、国際医療福祉大学大学院の臨床心理士のチームが、子育て中の母親にアセスメントを行い、調査結果を分析しました。このフィールドワークをふまえ、どのような支援が必要か、栄養士や保健師らとチームを組んで共に考え、行政に対して提言を行うというものです。

　今後は、急速に多様化・複雑化する社会で支援活動を行うため、積極的にコミュニティに関与することがますます求められるようになります。そして、臨床心理士の専門性を活かした活動を開拓・開発したり、コミュニティ内の他職種と協力し合い援助のシステムをつくり上げたりするなど、間接的な援助へのニーズも高まっていくことでしょう。

ルポ❻

取材先◎お茶の水女子大学青木紀久代研究室
しごと◎子育て支援

保育園や乳児院のコンサルテーションなど子育て支援の現場で臨床心理士の活動を創造する

■学部・大学院で指導にあたりながら自身も積極的な臨床活動を展開

「乳幼児から成人に至るまでの過程で生じる心の健康と自己成長」をテーマに、国立大学の学部および大学院で発達臨床心理学の指導、研究、臨床活動を行っている青木紀久代さん。注目すべきは、その多彩な活動内容だ。青木さんは、週に一度は自らさまざまな子育て支援の現場におもむき、実践や研究を行っているのだ。

ある朝、青木さんはとある保育園に向かっていた。かつては市立保育園だったが、数年前から、運営は社会福祉法人に委託されている、公設民営の保育園だ。「ここでは、気になる子どもを直接セラピーする、というよりも、コンサルテーションといって、保育士のかかわり方や、子どもの過ごしやすい園全体の環境づくりについて助言しています。子育てを支援する人を支援しているわけですね」と青木さん。

こうした支援は、臨床心理士の活動の柱のひとつ、臨床心理学的地域援助にあたる。「地域援助の方法としては、保育士のような異なる専門家に対して、臨床心理学的な立場から問題解決の助言を行うコンサルテーションや、問題の解決や予防に役立てるための教育活動の協力などがあります。いずれも、組織をエンパワーメントする（本来の力を発揮させる）こと、そして潜在力を高めることに貢献しようというものです」と、その目的を語る。

お茶の水女子大学青木紀久代研究室●DATA

乳幼児から成人に至るまでのライフサイクル上に生じる心の健康と自己成長について、研究と臨床活動を行っている。国内外の機関と連携し、「メンタルヘルスプロジェクト」「セブ島プロジェクト」「子育て支援プロジェクト」「愛着プロジェクト」など幅広く展開。

ただ、コンサルテーションが中心とはいえ、直接子どもと触れ合うこともある。園に到着したら、まず手を洗い、保育士と同じようにエプロンを装着。「爪も伸ばすわけにはいきません」と微笑む。

●追いかけた人

青木紀久代(あおき きくよ)さん／1993年東京都立大学大学院心理学専攻博士課程満期退学。都立大学心理相談室主任などを経て、2007年よりお茶の水女子大学基幹研究院准教授。子育て支援機関の基盤作りに関わるほか、カウンセリングも行う。

■保育園の園庭や部屋のデザインも助言

園では、保育士が発達や行動の面で気になっている子どもについて、どのような接し方や環境整備が適切なのか、アドバイスを求められることが多い。「クラス全体が落ち着かないから、どうしたらいいのか教えてほしい、というようなざっくりした依頼がくることもあります。その場合は、子どもへの個別対応だけでなく、部屋のレイアウトや保育のスケジュールにもアドバイスします」。

実際、青木さんが園のコンサルテーションを始めた頃は、園全体の保育のあり方を見直すところから始まった。当初は、社会福祉法人が自治体から保育園の運営を引き継いだ直後で、園児たちの様子はかなり荒れていたという。「大型遊具だけの殺風景な園庭で年長児が暴れまわり、年少児は部屋のすみで小さくなっていて。園児に話しかけると、『うるせぇ』と叩かれることもありました。子どもたちの金切り声がうるさいと、近隣住民からの苦情も多かったんですよ」と苦笑する。

その後、運営団体の方針で園庭のレイアウトや部屋のしつらえを変更することに。まず、たくさんの木を植え、畑を作るなどして緑を増やした。また、落ち着いて遊べるコーナーを園庭のそこここに設置。外で遊ぶ時間をずらすなどの工夫をしたことで、子どもたちはぐっと落ち着いた。園長先生は、「園庭や部屋のちょっとしたところにも青木さんのアドバイスが反映されています」と話す。年長児の部屋の壁にはめこまれたホワイトボードもそのひとつで、青木さんの「子どもたちの声を大切にしたい」という考えによるものだ。「ここに子どもたちの声を書きとめることで、

「子どもの周辺の大人をトータルで見ることが大事。関係性を変えれば、子どもは変わります」

座ってホワイトボードに注目しながら意見を出すといった習慣が自然につくようになりました」と園長先生。

「1日を通して、子どもたちが情動豊かに過ごせる」ための工夫をこらしたことで、子どもたちはいきいきと園で過ごせるようになっている。第三者評価事業のアンケートでは、保護者の9割が保育に満足しているという結果が出た。

■「気になる子」についての研修会で保育士をエンパワーメント

午後は「保育フォーラム」に参加するため、会場へ移動。このフォーラムは、保育士がそれぞれの現場で「気になる子」にどう対応しているのかを話し合う研修会だ。A市の私立保育園協会と青木紀久代研究室との協働で実施されている。冒頭で青木さんが説明した地域支援のうちの、教育活動の協力にあたる。

会場には、A市内の私立・公立保育園25園から保育士約40名が集合。テーマ別にグループをつくり、保育士が担当している「気になる子」の状況や、どのように対応しているのか、対応によって子どもがどう変わったのかなどについて、話し合う。いわば保育園合同のケースカンファレンスというわけだ。

各グループでは、臨床心理士が2名ずつ、ファシリテーター（学びや気づきを促進する役割）と書記を担当する。研修の目的は「参加者が、気になる子の保育に孤立感を持つことなく、自信を持って取り組めるようになること」。それをふまえ、臨床心理士として、この場では個別の相談対応というよりは、地域の保育者全体をエンパワーメントすることを心がけている。青木さんも、スーパーバイザーとして各グループをまわり一言ずつアドバイスをしていく。「気になる子を画一的に変えようとするのではなく、まずは保育士とその子との関係性を見直すよう働きかけています」。

2時間ほどしたところで、全グループが集合。それぞれの話し合いの内容を発表し、それぞれの気づきを共有する。青木さんは、研修会の最後に、「それぞれの対応方針が決まったあとも、『その対応に満足するのは、保育者なのか、子ども本人なのか』チェックすることを忘れないで」と呼びかけるのだった。

■乳児院での社会的養護にも関与

約1週間後のある日、青木さんは住宅街の一角にある乳児院を訪れていた。

ある日の青木さん

10:00	12:00	13:00	14:00	16:30	18:00
保育園でコンサルテーション	昼食・移動	保育フォーラムの会場で準備	保育フォーラムにスーパーバイザーとして出席	参加者と情報交換	

乳児院には、法令にもとづいて常勤の臨床心理士が配置されている。青木さんは、ここで、臨床心理士のスーパービジョンや、乳児院全体の保育のあり方に対するコンサルテーションを行っているのだ。

「乳児院でのコンサルテーションでは、助言の内容が保育園よりもさらに専門性が高くなりますし、子どもの発達のアセスメントも頻繁に行う必要があります」とそのむずかしさを語る。

心理職に期待することとして、施設長は次のように話してくれた。「乳児院では、なんらかの事情があって親と暮らせない赤ちゃんが生活しています。親も子どももむずかしい状況にあることが多く、支援には高い専門性が求められます。早い段階から適切な働きかけができるよう、心理職の人には、科学的な分析にもとづいた、よりよいかかわり方をアドバイスしてほしいですね」。

これまでに、青木さんは、日々の養育が画一的な世話に陥ることのないよう、積極的に子どもの遊びを取り入れることや、心を育む食育を模索することなどを提案。また、2014年の施設リフォームで、大きな部屋にずらりとベッドが並ぶレイアウトから、小規模の独立居住スペースに数名の赤ちゃんと担当保育士が分かれて生活する方式に変更する際にも、養育の質が向上するようなさまざまな助言を行っている。こうした試みを実施した結果、「赤ちゃんの社会的な発達が数か月〜半年くらい早くなった」と施設長は手ごたえを感じている。

もちろん、それまで定着していた養育方法を変えるのは簡単なことではない。新しい提案を受け入れてもらうには、心理職は保育士と対等な信頼関係を築き、保育士の仕事を理解したうえで相手に理解しやすい言葉で考えを伝える必要がある。「心理職は、まずは一対一の関係からじっくりとカウンセリングができるようになるのが基本です。その先には、心を育むさまざまな環境に目を向け、人的・物理的なつながりや試みを生み出すおもしろさがあります。ただ、万能感にとらわれないよう注意が必要。相手の生きる力を信じて、さざなみを立て続けたいですね」。　（取材は2015年11月）

乳児院の施設長と青木さん

第4章 — 2.

地域住民をはじめ多くの人の心の健康を守る

● 心の問題を予防するために

　心に問題をかかえて助けを求めてやって来た人々への支援も重要ですが、まだ問題には至っていない、問題を自覚していない、あるいは問題を自覚しているけれども助けを求めることができない、そうした不特定多数の人々に向けて、アプローチする活動も重要です。そうした地域（コミュニティ）支援には、次のようなものがあります。

○予防教育・啓発活動……うつ病や依存症といった心の問題の予防策や、問題が生じた際の対応方法などについて講習会を行うなどして啓発活動を行い、地域の人が主体的な生活を営めるよう支援します。

　また、病気や障害があってもその人らしく暮らせる地域づくりをめざして、地域住民の誤解や偏見を取り去り、理解を深めるための活動も行います。こうした活動は、自治会などまちづくりを担う住民とともに企画・実践することでさらに波及効果が高まります。

○アウトリーチ……困っているのに支援の存在を知らない人や、支援の存在を知っているけれどもサービスを利用することに不安や抵抗感がある人のために、巡回相談活動などを通してその人のところまで出向き、信頼関係の構築やサービス利用の動機づけを行う活動を行います。

○自助グループや家族会の支援……うつ病などの精神障害、各種の依存症、ひきこもりなどからの回復をめざす当事者やその家族のために、自助グループや家族会の設立や活動支援を行い、共通の問題をかかえる人同士がエン

NPO
Non - Profit Organizationの略称。さまざまな社会貢献活動を行い、団体の構成員に対し、収益を分配することを目的としない団体。福祉、教育、街づくり、環境、国際協力などで社会の多様化したニーズに応える重要な役割を果たしている。

パワーメントできるような環境をつくります。
○支援活動のスーパービジョン……自殺予防活動の「電話相談」「メンタルサポーター活動」など、さまざまな支援活動に参加する人々に、知識提供や活動の支援を行います。臨床心理士は、保健機関のスタッフとして、あるいは、活動団体の専門ボランティアとして、相談員の研修や事例検討会などでスーパービジョンを行います。

●地域の心の健康を支える公的機関やNPO法人

　こうした活動は、医療、教育、福祉などあらゆる領域でも展開されていますが、特に地域社会の不特定多数の人に対する活動を中心的に担っているのは、公的な保健機関です。保健機関には次のようなものがあり、心理職は常勤スタッフや臨時スタッフとして、保健師や医師と連携しながら活躍しています。

○保健所……地域の保健に関する専門的な業務を推進し、情報収集、調査、計画立案などを行います。心の問題に関する相談、未治療や医療を中断している人の受診相談、子育て相談、ひきこもり相談、アルコール・薬物依存症の家族相談などには、専門職が対応しています。

○市町村保健センター……地域の健康づくりの場。思春期から妊娠・出産・育児および乳幼児保健に至る一貫した保健サービス、老人保健サービスなど、住民に身近な保健サービスを一元的に提供。障害福祉サービスなどの申請受付や相談、保健師による訪問などの支援も行っています。

○精神保健福祉センター（こころの健康センター）……各都道府県・政令指定都市ごとに1か所ずつあります（東京都は3か所）。心の健康、精神科医療、障害者の社会復帰、アルコール・薬物依存症の家族の悩み、ひきこもりなど思春期・青年期問題、認知症高齢者に関することなど精神保健福祉全般にわたる相談に対応しています。デイケアや家族会の運営を行っているところもあります。

　こうした公的機関のほかに、「自殺予防」「認知症を支える家族の会」といった特定の目的を持つNPO法人などのスタッフとして、地域支援を行っている臨床心理士も数多くいます。

〈インタビュー 4〉

地域支援に携わる臨床心理士にきく

心理職としての可能性を広げていきたい

話をきいた人●厚坊　浩史さん

――臨床心理士をめざそうと思ったきっかけを教えてください。

　自分はもともと、人と接することと同じくらい、一人旅や部屋に一人でいることが好きでした。一方で、一人でいると不安だと話す周りの友人の話が理解できなかったんです。そこから、心理学や"孤独感"に関する関心が広がっていきました。また、ふとしたご縁でお手伝いをしていたフリースクールで、学校に行けない子どもたちとの出会いがあり、密着が激しい子、多弁な子、寡黙な子、さまざまな子どもたちとかかわっていましたが、効果的に、なおかつ専門的に支援できる方法を知りたくて、大学の先生のところへ話を聞きに行きました。対人援助の方法として、カウンセラーになるにはどんなことがあるかを聞いたところ、臨床心理士という職業があることを教えてもらったわけです。

――最初の職場は総合病院だったのですね。

　国立病院内の緩和ケア病棟に配属されました。精神科のない病院に、心理職としてはじめての採用だったため、入職当初は周囲に相談できる人がいない環境でした。次第に、治療中の方や再発の不安をかかえた方の話を聞いてほしいと、一般病棟、救急病棟など実にさまざまな患者さんにかかわらせていただきました。そんな中、人の心のとらえ方や、感情に巻き込まれずに距離を取って見ることに対して、看護師さんが「そんなのできるのすごいね」と興味を持ってくれて。「かかわりで困っているんだけど、どうしたらいい？」と相談を受

けることが増えていきました。心の見方を、こんなふうにしたら患者さんがホッとするんじゃないかとアドバイスをできるようになっていったのが2年目ですね。その後、院内に「こころの相談室」というカウンセリングルームを作り、臨床心理士の配置が4名に増えました。患者さんの心の扱い方について相談する部署がないというのは、患者さん自身はもちろん、他の職種にとってもハンディキャップになってしまいますから、本当に大事にしていただきました。

── 東日本大震災後には、被災地へ行かれたそうですね。

2011年8月に、講演のパネリストとして呼んでいただき、仙台市へ行きました。実は、私が中学生のときに阪神・淡路大震災が起こり、地元の神戸市が被災しました。震災によって傷つき疲弊した心が、どんなふうに回復していくのかを身をもって経験しています。自分の場合は家族、近所のおばさん、おじさん、全国から来てくださったボランティアの人たちが話を聞いて支えてくれたので、そういった経験をお話させていただきました。大半の子どもは、話を聞いてもらえることで傷ついた体験を乗り越えられますが、中にはつまずくケースもありますので、そんなときは専門家に頼ってほしいとお伝えしました。

── 専門家として、どのようなことが期待されますか。

数多くあると思いますが、例えば、家族関係が非常に荒れている中で、「眠れない、気分が悪い」といって精神科に来院した方がいるとします。薬を飲んで気分は変わるかもしれませんが、根本を変えるには、家族内でどんな話し合いをすればよいのか、あるいは解決できないと見込んだ場合はどこに避難すればよいのか、といったところまで踏み込む必要があります。患者さんは、それぞれに幅広い背景を持っていらっしゃいます。自分たち心理職が話を聞き、薬で様子を見る部分とカウンセリングが必要な部分とを見立てることが望ましいと思っています。たとえストレスがゼロにならなくても半分になることがある、ということを、実践でもって地道に伝えていくことによって、ひとつの例として、自殺が多いという現状にも向き合っていけるのではないかと思います。

── そういった現状に向き合うために、どのような活動をされていますか。

2010年に、和歌山県でNPO法人「心のSOSサポートネット」という団体を

こうぼう　ひろしさん

奈良県立医科大学附属病院勤務。1978年兵庫県生まれ。徳島文理大学大学院家政学研究科児童学専攻博士前期課程修了。2006年臨床心理士資格取得。国立病院機構南和歌山医療センターを経て13年より現職。

設立し、地域支援を行っています。おもな活動は、自殺対策や地域住民の心の健康に対して、心の専門家ではない人、例えば地域住民の方、学校の先生、開業のドクター、調剤薬局の薬剤師さんたちに、心の病について知ってもらう研修会を開いています。

──今まで、どれくらいの地域住民の方が受講されたのですか。

受講者は900人を超え、今は1万人まで増やすことを目標にしています。和歌山県の自殺率は2007年時点で、人口比率で全国平均を超えていたのですが、2008年から2013年までの自殺率が半分に減り、減少率は全国でトップになりました。すべてがこの取り組みの成果とはいえないかもしれませんが、心の問題を正しく知ってもらいたいために、継続して活動を続けています。

うつ病を患っている方々には直接病院へ来てもらうのがベストです。けれども、なかなかそうはいきません。研修では、「もし身近にうつ病の方がいたら、お話を聞くだけでもその人の孤独感は和らぐかもしれない」「"眠れない""食欲がない"が2週間続いているようだったら、近所のメンタルクリニックを一緒に受診してください」といったことをお伝えしています。

──実にさまざまな活動をされていらっしゃいますね。今後は、心理職にどのような能力が求められると思いますか。

心理職は多くの人とかかわる仕事ですから、まずはコミュニケーション能力だと思います。地域で困っている人がいた場合、カウンセリングで対処できたらよいのですが、自宅に帰っても何だか不安があるようだな、というときは保健師さんにお願いをしたりご家族の方にきちんと説明したり、患者さんを取り囲む人とコミュニケーションを取る必要があります。コミュニケーションとは、自分が何を考えて何を伝えるべきか、相手は何を求めていて、こちらが何を話すべきか、回数を重ねていきながら伝えていくことです。

心のことは理解できないと思われがちですが、心をどう働かせるかということに絞って説明できることはまだまだあります。これから心理職をめざす方には、いろいろな人とかかわって話をしたり聞いたり、そして世界を見てまわって、可能な限り経験を積んでほしいですね。

(取材は2015年10月)

[デイケアなどグループが対象のときはどんな支援をしているの?]

answer
社会参加のきっかけになるプログラムなどを実施します

　集団を対象とするグループアプローチには、一対一の心理面接とは違った目的や効果があります。用いる技法や回数などはさまざまですが、基本的には共通する悩みや困難をかかえた人（当事者やその家族）を対象とします。参加者は、レクリエーションや作業、訓練などのプログラムに取り組み、刺激し合うことで、「悩んでいるのは自分だけではない」「こんな考え方があるのか」と気づき、自信や意欲を取り戻していきます。参加者間の相互作用によって、参加者の成長をうながしていくわけです。さらに、コミュニケーション能力の向上や解決方法の習得などをめざすことも。具体的には次のようなものがあります。
○心理教育……病気や障害を持つ人たちやその家族を対象に、より健康的な生活を営めるよう知識や対処法を伝えます。
○デイケア・ナイトケア……生活と活動の場を提供し、健康と生活の維持、再発防止、社会参加を目的とする活動を実施。患者の疾患や状態、目的に応じて、身体を動かす内容や、芸術療法、話し合いなどを行います。
○SST……Social Skills Training（生活技能訓練）。日常生活や対人交流に必要なソーシャル・スキルを、認知行動療法と社会学習理論の考え方に基づいた方法で習得します。
○回想法……人生の思い出を語ることで、認知機能低下の進行を遅らせたり予防したりする効果が期待されています。
　グループアプローチは多職種で実施することが多く、心理職は、メンバー一人ひとりやグループ全体のアセスメントを行い、プログラムの企画や運営を担うこともあります。

第4章

3. 広がる・広げる 心理職の活躍の場

●高齢化社会での必要性が広がる心の支援

日本の人口はおよそ1億2800万人。その4分の1である3200万人近くが、65歳以上という高齢社会を迎えています。その人数は今後ますます増えることが見込まれていて、認知症やうつ病などに悩む高齢者への心のケアはもちろん、それを支える家族や介護職への心の支援を充実させる必要があります。

特に認知症については、2005年から「認知症を知り地域をつくる10ヵ年」が始まるなどしたことで、症状に対する理解も深まってきました。最近では、当事者の生の声もマスメディアを通じて発信され、その不安や葛藤、喪失感などが周知されるようになり、認知症の人の心理的ケアの重要性が論じられるようになってきました。

今まで高齢者介護の分野では、心理職について制度的な裏づけがなかったため、必要性はわかっていても介入しづらい部分がありました。しかし、公認心理師の誕生により、今後、介護保険制度の中での役割が明確になっていけば、心理職の活躍の場は大幅に増えることでしょう。

●子育て支援や教育分野では

高齢化の一方で、日本では少子化も大きな問題となっています。核家族化や共働き世帯の増加などにより、家庭だけでの子育てがむずかしくなる中、育児に悩む保護者を支えるため、心理職の活躍の場も増えています。

2010年、厚生労働省の通知により各都道府県の周産期母子医療センターのスタッフとして「臨床心理士等の臨床心理技術者」を置くことが明記されたこ

合理的配慮
障害のある子どもが、他の子どもと同じように「教育を受ける権利」を享有・行使できるよう、学校の設置者や学校が必要かつ適当な変更・調整を行うこと。2016年4月施行の「障害者差別解消法」に規定されている。

ともそのひとつの現れでしょう。

教育分野ではスクールカウンセラーの配置が定着しつつありますが、新たな試みも始まっています。現在、障害のある子・ない子が共に学ぶ「インクルーシブ教育」システムの構築に向けて、一部モデル校で導入が始まりました。臨床心理士はこのプロジェクトに「合理的配慮協力員」として参加し、障害のある子どもにどのような配慮が必要か、調整や指導などを行っています。

●犯罪被害者支援も

高齢化や少子化のような国家的な問題とは別に、従来は顧みられることの少なかった、少数派や社会的弱者の困難に対しても支援が始まっています。

そのひとつが、犯罪や交通事故の被害者やその家族の支援です。民間団体の被害者支援活動を起点として、次第に社会的な関心が高まり、2005年4月に「犯罪被害者等基本法」が施行されました。そして、この分野での臨床心理士の支援活動が始まったのです。民間の支援団体では、臨床心理士が弁護士や福祉専門職などと活動に参加しながら、被害者や家族を支えてきました。

被害者への心の支援には、被害直後の危機介入と長期的カウンセリングの2種類があります。被害直後は、まず身体レベルの安心感の回復を図り、次に心理教育を提供。心理教育とは、被害に遭ったときの心身の反応、家庭や周囲の反応、被害者の感情などについて必要な知識を伝えるもので、当事者が「こんな状態になるのは自分だけではないのだ」と自己コントロール感を取り戻し、2次被害を軽減する一助となっています。そしてその後も、中長期にわたってカウンセリングを実施し、被害者を支えるのです。

今後は、警察内の被害者や遺族向けカウンセリング費用の公費負担が全国的に広がっていき、臨床心理士もカウンセリングやスーパービジョンなどの形で協力する機会が増えるでしょう。警察以外にも、学校や児童福祉施設、女性センターなどでもそうした被害者救済の必要性が叫ばれているため、幅広い領域、幅広い世代への支援が期待されています。

●声なき声に耳を傾け社会に伝える

被害者支援のほかには、医療領域で、がん、HIV、不妊、終末期などむずか

しい状況にある患者の相談支援活動を行っている臨床心理士もいます。
　こうした患者や、犯罪や事故の被害者などは、数が少ないこともあって、困難な状況が社会に伝わりにくく、支援の体制がなかなか整わない面があります。そうした状況を変えるため、臨床心理士が「アドボカシー」といって、自己の権利を十分に行使することのできない対象者や、障害者、患者などの声をすくいあげ、その主張を代弁する活動を行うこともあります。

●災害の被災者支援
　1995年の阪神・淡路大震災をきっかけに、被災者に対する心のケアの重要性が知れわたるようになりました。2011年の東日本大震災では、死者・行方不明者が約2万人にのぼり、多くの人が家族や友人を亡くし、心に深い傷を負いました。これに対して、さまざまな職種がチームを組んで被災地に向かい、救援・支援活動にあたりました。その中には、被災者の心のケアを担う臨床心理士によるボランティアチームの姿もありました。
　こうした事態を受けて、内閣府は2012年に「被災者のこころのケア　都道府県対応ガイドライン」を発表しました。それによると、大規模災害における心のケアは、被災者の状態に応じて次の3つが必要だとしています。
○第1段階……生活支援や情報提供などにより、被災者に心理的安心感を与え、本人の立ち直り、そしてコミュニティの再生をうながします。
○第2段階……精神科医療を必要とするほどではないけれども、継続した見守りが必要な被災者（家族を失った人や一人暮らしの人など）に対するケアです。臨床心理士や保健師など専門家が見守り、傾聴、心理教育などを行います。
○第3段階……被災により精神科医療が必要となった被災者や、もともと精神科医療を受けていた被災者に対する診療で、医療従事者が担当します。
　こうしたケアを通じて、被災者はコミュニティに帰属しているという実感を得て、心的外傷後ストレス障害（PTSD）やうつ病などが軽減されます。そして、生きる力を取り戻して、復興に向けて歩き出せるようになるのです。
　こうした支援を組織的に実施できるよう、上記のガイドラインでは、災害が

起きる前から支援チームをつくり、日頃から支援団体同士で連絡を取り合っておくことを推奨しています。

● **強まる若者支援のニーズ**

心のケアが後回しにされがちなのが若者です。しかし、いじめやひきこもり、就労に関する問題などが取りざたされるようになり、若者の支援もじょじょに始まっていきました。

大学では、退学防止などの目的で、心理相談室やカウンセラーを充実させる動きをみせています。自治体の中には、若者相談窓口を設置して、ひきこもり、不登校、就労関係、依存症などに関する相談を受け付けるなど、手厚い支援に取り組んでいるところもあります。こうした場でも、臨床心理士が活躍しているのです。

近年では、若者からアクセスしやすいよう、電話だけでなくメールの相談を受けているところもあります。メールの文面のやりとりからいかにして有効な支援につなげるのか、ノウハウの蓄積が待たれるところです。

● **自分なりの専門分野を見つけて**

紹介してきたように、心のケアを必要としている人々は社会のあらゆる領域に存在しています。臨床心理士はそのニーズに応え、ときには自ら手を差しのべてニーズを発掘し、活動領域を広げてきました。いずれの活動も、基礎となる心理臨床の知識技術のうえに、さらに専門特化した業務知識が必要になります。

今後はよりいっそう、臨床心理士の資格の取得をめざしながら自分なりの活動領域を見つけ、資格取得後も関連知識の習得に励む必要があるでしょう。

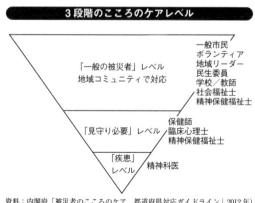

3段階のこころのケアレベル

資料：内閣府「被災者のこころのケア　都道府県対応ガイドライン」2012年)

メモ 7

[児童虐待の予防には
どのようにかかわっているの?]

answer
地域のあらゆる職種と連携して
家庭をサポートします

　児童虐待とは、保護者が児童（18歳に満たない者）について行う次のような行為をいいます。
○身体的虐待……傷を負わせる、またはそのおそれのある暴行。
○性的虐待……子どもへの性的行為のほか、性的行為を見せる、ポルノグラフィの被写体にする　など。
○ネグレクト……家に閉じ込める、食事を与えない　など。
○心理的虐待……言葉による脅し、無視、きょうだい間での差別的扱い、子どもの目の前でDVや虐待行為を行う　など。
　こうした行為は、子どもの生命に危険をもたらすほか、身体や知能の発達に悪影響をおよぼし、心理・人格面への影響（PTSD等）や虐待の連鎖をもたらす危険性があります。
　虐待問題に対しては、児童相談所のほか、医療・保健機関や児童福祉施設、学校などあらゆる場所であらゆる職種の人が支援に取り組んでいます。臨床心理士もその一員として、さまざまな領域で、被虐待児のケアはもちろん、虐待の早期発見、再発防止のために虐待をした保護者の養育支援などに尽力しているのです。
　虐待問題の支援で重要なのは、相談室でのアセスメントや面接を中心とした個別援助にとどまることなく、他の専門機関や専門職種と連携しながら活動していく地域援助の手法も取り入れていくことです。
　そのためには、心理臨床の専門領域にとらわれずに幅広い知識や技術を身につけ、現場のニーズを見極めながら対応する柔軟な姿勢が求められます。

第4章　臨床心理士の、そしてあなたの将来は？

● 第4章
臨床心理士の将来像が見えた？

 問 臨床心理士の活動範囲は今後ますます広がっていくと予想されます。次の（　）内に語句を入れてみましょう。

①臨床心理士の仕事には、他の専門職に心の専門家として支援を行う（　　）がある。
②支援を必要とするコミュニティに対して、必要な調査や（　　）を行い、介入の方法を考える。
③うつ病や依存症の予防策など、地域住民に対して（　　）活動を行う。
④うつ病や依存症、ひきこもりの当事者や家族のために自助グループや（　　）で支援を行う。
⑤高齢者への心のケアや、その家族、（　　）の心の支援を充実させる必要がある。
⑥インクルーシブ教育の実践が進む教育現場では、臨床心理士らが（　　）として活動している。
⑦災害が起こった後、心的外傷後ストレス障害（PTSD）や（　　）で苦しむ当事者に心のケアを行う。

答

①コンサルテーション
②研究
③啓発
④家族会
⑤介護職
⑥合理的配慮協力員
⑦うつ病

第5章
あなたに合った資格の取り方を見つけましょう

臨床心理士の試験を受けるためには、
指定大学院で学び、
所定の単位を修めることが条件となります。
いまの自分にもっとも合った方法を、
じっくりと選んでください。

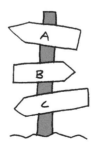

第5章 1. 中学生・高校生のあなたは

●学びの視野を広げよう

　心理職としての専門性を深めていくためには、単に心理学に関する知識を学ぶだけでは十分と言い切れません。さまざまな人と交流したり、人とのコミュニケーションを通して自分を磨いていったりするなかで、人の心に関心を持つことが大切です。

　アメリカの高校には心理学の基礎を学ぶ授業がありますが、日本の学校で学ぶ機会はほとんどありません。ですから、小説や映画を通じて、自ら人間の心の動きに関心を持つ習慣は持っておきたいものです。また、数学的なセンスも必要ですから、位相幾何学などにもふれておくとよいでしょう。

●大学院進学を視野に入れた大学の選択を

　臨床心理士の資格を得るために、試験に合格しなければならないことは第1章で述べたとおりです。試験を受けるには受験資格が必要ですが、これは公益財団法人日本臨床心理士資格認定協会から養成校としてカリキュラム認定を受けた大学院で2年間学び、臨床心理学専攻の修士課程を修了することで得ることができます（各学校の名称と所在地等は巻末の学校リストを参照）。

　高度な専門技術を学ぶ大学院では、入学した段階で心理学の基礎知識が身についていることが求められます。あなたが高校生で、これから大学進学を考えるならば、まず心理学を学ぶことができる4年制大学へ入学することをおすすめします。ただし、ひとくちに「心理学」といっても、その領域は多岐にわたり、大学によって授業の内容が異なります。また、心理学部以外の学部、例え

ば福祉系や教育系学部でも、心理学について学ぶことができる大学もあります。
　大学は、自分の興味のある分野から探していくのもよいですし、立地や学費などの面を考慮して探すのもよいでしょう。候補となる大学が見つかった場合は、ホームページを見たりパンフレットを取り寄せたりして自分で情報を集めてみることです。オープンキャンパスでは、大学の雰囲気が自分に合うかどうかを見ることができます。学部・学科の説明会や個別相談会を開いている大学もありますので、わからないことがあれば質問してみましょう。

●公認心理師試験を受けるには
　新たに創設された公認心理師試験は、学部や大学院の指定カリキュラムを履修した人が受験することができます。公認心理師法が施行され、いずれかの進路を決める場合は、志望大学・学部や大学院がカリキュラムに対応しているかどうかの確認を必ずしてください。

●学費など学生生活にかかる費用は？
　学費は、国公立大学か私立大学かによって変わってきます。学校によってまちまちですが、国立大学の多くは、入学金を含む初年度納付金は81万7800円（2015年度）です。私立大学の場合は、70万円から130万円程度（初年度納付金を含む）と、学校によって差があります。また、大学院に進学する際、同学卒業生であれば、大学院の入学金は免除される場合があります。その他、教科書代や実習の際の交通費などが必要です。
　奨学金制度を利用するのもひとつの手です。奨学金は、大学独自の制度や学外の奨学金制度を利用することができます。大学独自の奨学金は給付制であることが多く、日本学生支援機構のような学外の制度は貸与制が多いです。

●英語は得意なほうがよい？
　日本の大学では、心理学専攻はたいてい文系扱いです。国立大学への進学を希望するならば文系を選択しておくべきでしょう。また、英語は大学受験ではもちろん、大学院入試や入学後に論文を読むときにも必要です。
　心理学に英語はつきものなのです。そのため、英語の勉強に早すぎることはありませんから、今のうちから対策をしておきましょう。

第5章

2. すでに大学を卒業している・方向転換を考えているあなたは

●大学を卒業していて資格取得をめざす場合は指定大学院へ

すでに心理学以外の学部で学び大学を卒業し、社会人として働いている人が臨床心理士をめざす場合は、公益財団法人日本臨床心理士資格認定協会指定の大学院を修了することが必要です。

社会人の人が大学院へ行くには、まずは現職をどうするかを考えなければなりません。臨床心理士の大学院は、ほとんどの学校が平日の日中に授業があるため、多くの人は退職した上で進学しています。なかには、夜間や通信といった仕事を続けながら学ぶことが可能な場合もありますが、多忙を極めることになるため、相当の覚悟が必要です。夜間制の学校は、平日の夕方と土曜日の授業のみで単位を修得することに配慮していますが、外部での実習や大学院に併設された相談室でのカウンセリングについては、たいてい平日の日中に行われます。クライエントの希望で夜間の時間帯に相談の希望があるケース以外は、どうしても平日の昼間に仕事を休む必要が出てきます。臨床心理実習は必修科目であるためです。さらに、1年の後半からは修士論文（専門職大学院以外）の指導が加わります。

●すでに何らかの実績がある場合は

心理職として働いている人の場合、指定大学院の社会人入試の受験資格を得られます。求められる勤続年数はその大学院によって異なりますが、3年以上であることが多いです。

具体的には、心理臨床経験を有することを条件にしているところがほとんど

【社会人入試の倍率はどれくらい？】

A その年によってばらつきはあるが、2～3倍程度。定員は「若干名」と記載されていることがほとんどで、30名程度のところもあるが、学内推薦者や春・秋入試の一般入試受験者の合計人数であることが多い。

専門職大学院
高度で専門的な資格を持つ専門職を養成することを目的とした大学院。修了後は専門職学位が授与される。

です。「心理臨床経験」とは、病院等の医療施設、教育相談機関、心理相談機関等において、心理職として勤務している経験のことで、原則として有給の場合になります。ボランティアや研修員等での経験は認められません。大学院によっては、同じ職場で週３日以上の勤務形態の人など、細かく条件を決められていますので注意が必要です。他分野の仕事に就いている場合は、勤続３年以上であったとしても、一般入試での受験となると思っておいてください。中には、出願後、提出書類の審査を行ったあとに試験の種別を指定する大学院もあります。

また、社会人入試の出願には、勤務先による在職期間証明書が必要になる場合があります。自営業者の場合は自己推薦となるため、受験が認められていないこともあります。大学院によっては、３年以上の心理臨床経験があったとしても、出願時点で職に就いていることを前提とし、無職（主婦、家事手伝いを含む）の場合には出願を認めていないことがあります。この場合は、一般入試を受験することになります。

●社会人入試ってどんな試験？

社会人入試（学校によって名称は異なる）とは、働いている人を対象とした入学試験です。社会人とはいっても、この場合は心理職として働いている人をさします。

一般入試科目が英語と専門試験であるのに対して、社会人入試の場合は小論文と専門試験のみで英語試験がなかったり、一般入試試験よりも問題数が少なかったりする場合があります。試験科目については大学院によって異なりますので、各自ホームページ等で必ず確認してください。

筆記試験の比重が低い一方で、研究計画書や面接が重視されます。研究計画書は原則として、修士論文に関するものを作成します。つまり、２年間かけて研究する分野をあらかじめ決めておく必要があるということです。研究計画書の書き方の指導や添削をする予備校もあるようですので、費用はかかりますが、必要だと思う人は検討してもいいかもしれません。この研究計画書は、一般入試でも提出が求められます。

面接では必ず、志望理由を聞かれると思っておいてください。つまり、自分が研究したいテーマを答えられるようにしておきましょう。なかには、指導を仰ぎたい教授が在籍しているから、という理由で志望する人もいるようです。医療領域での研究を深めたいと思っている場合、附属の大学病院を持っている大学院であれば、病院との連携がスムーズでしょう。また、研究内容を明確に持っているのであれば、希望するテーマをその大学院で研究できるかどうかを、研究室に問い合わせておきましょう。

●一般入試の場合

大学院の一般入試は春入試と秋入試に分かれ、入学時期によって実施期間が異なります。毎年、1月～3月、7月～12月に実施されます。

専門試験、語学試験（英語）、小論文試験、面接、先に述べた研究計画書などによる選考が一般的ですが、試験内容は大学院によって異なります。過去問を入手できるのであれば、出題傾向を把握しておき、専門用語などわからないことがあれば、心理学用語事典で調べ、本試験に備えましょう。

また、大卒の場合は卒業論文要旨の提出が求められることもあります。出願に必要な書類は、募集要項を参照して、余裕をもってそろえましょう。

大学院の入試は、大学で心理学を学んだ人も受験します。ほかの学部から挑戦する場合は、合格するためには人一倍努力をしなければならないことを肝に銘じておいてください。

●心理学系以外の学部を卒業あるいは在学中の場合は

現在、心理学系の学部以外の大学に通っていて、2年次編入あるいは3年次編入の受付期間に間に合うようであれば、編入試験を受けることをおすすめします。臨床心理学を大学院で学ぶには、心理学の基礎全般が必要であるため、できれば学部の段階で学んでおくことが望まれます。

心理学を履修していない場合でも、大学院入学後に学部の授業を受けさせてもらえることもあるようですが、これは学校側に確認する必要があります。たとえ学部の授業の受講が可能だとしても、大学院の授業と両立しなければならないことは肝に銘じておきましょう。

また、すでに大学を卒業してから大学院進学をめざす場合は、院の研究生として在籍することが可能なケースもあるようです。指導教員によって認められた際は、学部の心理学関連科目を聴講できる場合もあるようですが、これによって大学院進学が担保されるといったことはないようです。

●短期大学卒の場合は
　最終学歴が短期大学などの場合は、学校を卒業後に、4年制大学の心理系の学部に、3年次編入するのが一般的です。ただし、大学院によっては入学資格審査を設けており、個別に審査を行い、大学を卒業した者と同等以上の学力があると認定された場合には、大学院受験が可能になります。多くは22歳以上という年齢条件があり、その他の規定は学校によって異なるので、詳細は直接問い合わせてください。大学院受験が認められた場合、一般入試か社会人入試かは学校側が決定する、としているところもあります。

●公認心理師試験を受けるには
　なお、今後国家試験として実施される公認心理師試験の受験資格要件として、心理学に関する所定の単位を学部で修める必要があります。公認心理師法の附則第2条に定められている「受験資格の特例」に該当しない場合、公認心理師試験の受験資格を得られないことがありますので、注意が必要です。公認心理師法の施行日の時点で心理学専攻の大学院に在籍し、臨床心理士の規定のカリキュラムを履修している場合は、経過措置により受験が可能となります。

　2017年度以降には、公認心理師試験という新たな資格試験が誕生するわけですが、臨床心理士試験に関連する内容をしっかりおさえておき、試験に合格できるほどの実力をつけておくことは、公認心理師の試験対策にもなります。臨床心理学の基礎となる部分は、抜かりなく理解しておきましょう。

第5章 3. 大学院で学ぶこと

●指定大学院のカリキュラムは？

　文部科学省が認可する日本臨床心理士資格認定協会によって、1996年度に臨床心理士養成のための指定大学院制度が導入されました。つまり、臨床心理士試験を受験するためには、指定大学院で所定の単位を修得することが決まったのです。この背景には、臨床心理士が、心の専門家として一定水準以上の知識と技能を持つことが期待されていることがあります。やがて、2007年度以降の臨床心理士試験の受験には、指定を受けた大学院修士課程（博士前期課程）の修了が必須となりました。

　対象の大学院には、カリキュラムや教員組織、臨床心理実習施設など一定の要件が修士課程に備えられています。第1種指定大学院では、6年ごとに日本臨床心理士資格認定協会へ指定期間継続申請をして、カリキュラムや教員組織、入試、実習施設などの厳正な審査を受けます。学内に心理相談室などの実習施設を設けていて、院生はここで面接の経験を積むことができます。したがって、第1種大学院を修了した年に実施される臨床心理士の資格試験を受験することが可能です。第2種指定大学院の場合は、学外で実習を行います。修了後は1年間の臨床経験を経て、資格試験を受験することが可能です。

　第1種指定大学院のカリキュラムには、必修科目と選択必修科目があるほか、大学院によって独自のカリキュラムが組まれています。試験の受験資格を得るためには、「臨床心理学特論」「臨床心理査定演習」「臨床心理実習」など所定の必修科目を5科目16単位、「発達心理学特論」「精神医学特論」「学校臨床心

【大学院の学費って？】

A 国立は初年度82万円程度、私立は100万円程度必要だ。これは、入学金、授業料、実習費などを合算した額。通信制の場合は70万円程度の学校もある。私立は学校によって違い、授業料だけで100万円近くかかるところもある。

理学特論」などの専門科目をまとめた選択必修科目群のうち、各群から2単位以上の計26単位以上を取得し、修士課程修了の認定が必要です。

第1種、第2種指定大学院のほかに、専門職大学院という学校もあります。必須基幹科目を20単位以上、必修展開科目を10単位以上、計50単位以上と多く、実践重視のため修士論文はありませんが、臨床事例報告書の提出が必須です。

● 実習ではどんなことをするの？

第1種指定大学院の内部実習では、併設の相談室で面接の同席や、指導教員のもとで面接を行います。クライエントの主訴について、ケースカンファレンスやスーパービジョンを通して指導を受け、多岐にわたる事例を学びます。

外部実習の場合、およそ2か月間、短期実習として、医療・福祉・教育の現場に入ったあとに、半年から1年かけて長期実習を行うことで、臨床現場の理解を深めていきます。

医療施設での実習は、カウンセリングやカンファレンスの同席、心理検査の補助、精神科デイケアへの参加などがあります。福祉施設では、療育の補助、児童養護施設・障害者施設での補助を、教育機関では、学校内での児童生徒への支援活動、相談活動の補助などをします。

修士課程のカリキュラム（例）

	科目	単位	履修条件
コア科目	臨床心理学特論Ⅰ（基礎論）	2	10科目20単位必修
	臨床心理学特論Ⅱ（応用論）	2	
	臨床心理面接特論Ⅰ（面接の基礎技法）	2	
	臨床心理面接特論Ⅱ（援助技法各論）	2	
	臨床心理査定演習	4	
	臨床心理基礎実習Ⅰ	1	
	臨床心理基礎実習Ⅱ	1	
	臨床心理実習Ⅰ	1	
	臨床心理実習Ⅱ	1	
	臨床心理学特別研究（修士論文指導）	4	
A群	基礎心理学特論Ⅰ（知覚・感覚、学習・記憶）	2	コア科目の選択必修科目およびA〜E群から6科目12単位以上選択必修。ただし、A〜E群のそれぞれから1科目2単位以上履修が必要。
	基礎心理学特論Ⅱ（心理学史、個人差）	2	
	心理学研究法特論Ⅰ（質的研究法）	2	
	心理学研究法特論Ⅱ（量的研究法）	2	
	臨床心理学研究法特論	2	
B群	人格心理学特論（自己心理学）	1	
	発達心理学特論	1	
	教育心理学特論	1	
C群	社会心理学特論	2	
	家族心理学特論	2	
	犯罪心理学特論	2	
D群	神経生理学特論	1	
	精神医学特論	2	
	老年心理学特論	2	
	障害者（児）心理学特論	2	
	精神薬理学特論	1	
E群	心理療法特論Ⅰ（精神分析学）	2	
	心理療法特論Ⅱ（来談者中心療法・認知行動療法）	2	
	学校臨床心理学特論	2	
	投影法特論Ⅰ（基礎）	2	
	投影法特論Ⅱ（応用）	2	

大学院で学ぶこと

ルポ❼

取材先◎国際医療福祉大学大学院
しごと◎臨床心理学専攻の大学院生

臨床心理士の資格取得のため大学院での研究や実習のほか心理職関連のアルバイトにも打ち込む

■実習を数多くこなせる大学院を選択

　国際医療福祉大学大学院に通う小野島萌さんが、臨床心理士を志すようになったのは、「高校生の頃」のこと。そのきっかけについて、小野島さんは「人を動かす原動力となっている"気持ち"についてもっと知りたいと思うようになり、心理学に興味を持ちました。そして、人の心を助けられる仕事がしたい、どうせやるならむずかしいことをやってみたいと考え、臨床心理士をめざすことにしたのです」という。

　高校の時点で将来の夢が決まっていたので、大学は心理学を学べる学部を選んだ。「資格を取るために大学院に行かなくてはならないことはわかっていましたから、その学費がかかることなどについては、高校3年生のときに親に相談し、了承を得ておきました」とのこと。

　大学院を選ぶ際は、臨床心理士試験の受験資格を大学院修了後に得られる第1種指定校のうち、「家族心理学に興味があり、その分野の権威の亀口憲治教授がいらっしゃる」「病院や福祉施設など提携施設が多く、実習をたくさんできそう」という理由から、国際医療福祉大学大学院を選択した。

　「大学受験のときは知名度や偏差値で志望校を選ぶ人も多いですが、大学院は、『自分がどんなテーマで研究したいのか』『それを研究するために必要な環境や、指導してほしい教授は』といった観点から選ぶことになります」。

国際医療福祉大学大学院臨床心理学専攻●DATA

　（公財）日本臨床心理士資格認定協会の第1種大学院指定校。臨床心理学専攻では、国際医療福祉大学大学院青山心理相談室での実習に加え、附属病院での精神科実習、福祉施設や教育施設など、提携施設で実習を行うことが可能。豊富な実習を通じて、現場で貢献できる臨床心理士の育成を行っている。

■午前中は心理職関連のアルバイト

●追いかけた人

小野島萌（おのじま　もえ）さん／1991年神奈川県生まれ。2014年に早稲田大学文学部心理学コースを卒業後、国際医療福祉大学大学院臨床心理学専攻に入学。研究テーマは「家族内コミュニケーションとレジリエンスの関連」。

　大学院の修士課程2年目になる小野島さんだが、「研究や実習、その準備のほか、心理職に関連するアルバイトも入れていて、平日は朝から晩まで予定がいっぱいです」と、その日常はとても忙しい。

　アルバイトは、保育園で「気にかかる子」の保育補助をしているほか、提携病院での研究補助もしている。「心理職の経験を積むためであり、勉強に必要なお金を稼ぐためでもあります。大学院の授業料は親が出してくれていますが、そのほかに書籍や学会に参加するための費用もかかりますから……」。

　取材した日は、朝10時から保育園でアルバイトだ。園に出勤してあいさつをすませると、みんなと一緒に行動できないAちゃんがいるクラスに入る。保育士はクラスの子ども全員をみなくてはならないので、心理的な視点から特に配慮が必要な子どもの保育補助を小野島さんが担当するのだ。

　担当しているAちゃんは自閉症の3歳児。「おはよう！」と声をかけると、症状の特性で目は合わせないが、この日は小さくニコリと笑って反応してくれた。小野島さんは、一緒にブロックや電車のおもちゃで遊びながら、さまざまなことを話しかけてみる。リアクションは少ないことが多いが、Aちゃんの好きな歌をうたうと、小野島さんの手を持って「もう1回」とリクエストすることも。「そうしたやりとりで、Aちゃんのテンポで成長してくれたら」と思っているのだという。

　小野島さんはAちゃんと遊びながらも、落ち着きのなさが気になるBちゃんなど、ほかの子のようすもチェック。その子の特性に応じた接し方のアドバイスなど、気づいたことがあれば、保育士に伝えるようにしている。「保育士の先生たちは私を専門家の卵として見て、どんな話も耳を傾けてくださいます。こちらも、相手の理解度をはかりながら、

カンファレンスにはノートパソコン持参で参加

ていねいに伝えるよう気をつけています」。

■学内の実習でカウンセリング経験を積む

12時に保育園のアルバイトを終えると、大学院へ向かう。この日は、13時から大学院内のカンファレンスに参加する予定だが、それよりも20分ほど早めに到着した。といっても、のんびり休憩をしている余裕はない。昼食を急いでつまみながら、大学院に提出する書類の作成・整理をすませた。それ以外に、この時間に「係の仕事」もこなす場合があるという。「大学院生なのに係があるのか、なんて思われるかもしれませんね。係には、大学院附属の青山心理相談室の電話予約の受付や、教育相談室のシフト表の作成、カンファレンスの幹事など、やるべき仕事がたくさんあり、それを院生で分担しているのです」。

青山心理相談室は、国際医療福祉大学大学院臨床心理学専攻の学生が教員や臨床心理士の指導を受けながら、一般のクライエントを相手に、カウンセリングを行う場である。青山心理相談室でのカウンセリング実習は必須で、大学院生にとっては経験を積む貴重な場になっている。

取材の当日、小野島さんは実習の日ではなかったが、カウンセリング実習の日は2ケースほど担当することもあるという。

■学内のカンファレンスでたくさんのケースにふれる

13時からのカンファレンスは、学生が自分の担当したカウンセリングの経過を発表するというもの。教員約20人、学生約50人でその内容を検討する。「発表の順番は、修士2年目だと年に一度まわってきます。たくさんの人の前で発表し、あれこれ質問されるので緊張します」と小野島さん。

発表を担当する学生が、A3用紙2枚にまとめた内容を読み上げたあとは質問タイム。「そこの言い方は違うものにしたほうがよかったのでは」「○○のときどう対応したか、もっと詳しく教えてください」などと、たくさんの質問が投げかけられる。最後に、先生から検討すべき点などが指摘されて、カンファレンスの時間は終わった。

「自分の担当するケースの数には限りがありますが、このカンファレンスを通じて、さまざまなケースがあることを知ることができます。また、それらのケ

ある日の小野島さん

6:00	9:00 10:00	12:00	12:40	13:00	15:00	17:00	18:30
起床後、朝の支度と自分の勉強	アルバイト先へ移動	保育園でアルバイト	大学院へ移動	昼食・書類作業・係の仕事	学内でカンファレンス	面接のグループスーパービジョン	帰宅後、夕食の準備、食後は勉強など

ースへのいろいろな見方を知ることはとても勉強になります。自分の中の、カウンセリングのための"引き出し"が増える感じがします」。

■指導教授のスーパービジョンも

自分の担当したケースについて、ほかの人から意見をもらえる機会はカンファレンスだけではない。担当教授からスーパーバイズ（指導・監督）を受ける機会もたびたび設けられている。これは、4人程度の学生につき教員が1人ついて、とある回の面接について密度濃く指導を受けることができるというもの。1回あたり1〜2ケースずつピックアップするため、およそ月に1回は自分のケースについての指導が受けられる計算だ。

この日は15時から2時間、スーパーバイズを受けた。「臨床心理士は、社会に出ていきなり一人職場、ということがよくあります。この大学院のように、先生の指導を受けながらたくさんの実習経験を積み、さらにカンファレンスでほかの人の経験したケースを知ることができるのはありがたいことです」。

■たくさんの人と接する機会を持って

人の心に深く、密接にかかわる心理職。カウンセリングでは、年齢、性別、職業などさまざまな立場の人に接することになる。「そのため、臨床心理士をめざすようになってから、なるべくいろいろな人と接するように心がけてきました。大学時代は、アルバイトではそのあたりを意識して接客業を選んだんですよ」と小野島さん。

そうやって他人を知ると同時に、自分自身を知ることも大事だと感じている。「自分がどんな人間なのか、ネガティブな感情を自分はどう扱うのか、短所も含めて知っておくことも必要です。そして、自分がどうしたら相手がどのように感じるのか、敏感になっておくこと。それが、カウンセリングの際に、相手の悩みに共感しつつもプロとして一線を引く強さにつながるのではないでしょうか」。そう話す小野島さんが、臨床心理士として働く日は近い。

（取材日は2015年9月）

ほかの院生と分担して、電話応対などを行う

第5章 4. 資格認定試験についても知っておこう

● 臨床心理士試験は、例年10月に実施される

　ここでは、臨床心理士試験の日程や内容についてふれておきます。

　一次試験は、例年10月中旬に実施されます。試験に関する書類の請求期間は、7月上旬から8月中旬頃まで、申し込み期間は7月上旬から8月下旬頃までです。日本臨床心理士資格認定協会のホームページを確認して、期日に遅れないようにしましょう。

　参考までに、2015年度の日程を紹介しておきます。

- ・書類請求期間　2015年7月6日〜8月17日
- ・受験申込期間　2015年7月7日〜8月31日
- ・一次試験　　　2015年10月11日（日）
　　　　　　　　試験会場：東京ビックサイト
- ・二次試験　　　2015年11月21日（土）〜23日（月・祝）
　　　　　　　　試験会場：東京国際フォーラム
- ・合格発表　　　2015年12月中旬

● 過去問を繰り返し

　筆記試験は、多肢選択方式試験（マークシート形式）の問題が100問と、論文記述試験が出題されます。試験時間はそれぞれ、2時間30分と1時間30分です。多肢選択方式試験では、臨床心理学や心理療法、統計法などの基礎的設問と、臨床心理士の基本業務である臨床心理査定、臨床心理面接、臨床心理的地域援助、それらの研究調査の、専門基礎知識が出題されます。

論文記述試験は、心理臨床に関する主題について、1001字以上1200字以内と定められた字数内で論述することが問われます。
　市販の過去問題集を解いて、間違った問題は、何度もやり直して覚えるようにしましょう。また、受験専門塾などの業者には臨床心理士資格試験の模擬試験を実施しているところもあるようです。試験の雰囲気に慣れるために、本番前に受けてみてもよいでしょう。
　多くの人は大学院を修了後、仕事をしながら試験勉強をすることになりますので、時間の使い方を工夫して、効率的に勉強できるようにしましょう。

●**筆記試験のあとは面接試験へ**
　1次試験の筆記試験が終わると、翌月には面接による口述面接試験が行われます。面接官は2名で、臨床心理士としての姿勢や態度を見られます。また、どのような仕事をしているのか、今後はどのようなことをしていきたいのかなどといったことも質問されるようです。
　想定できる質問に対して答えられるように、あらかじめ準備をしておくことも大事ですが、臨床心理面接の実践の場として臨むとよいでしょう。

●**試験に合格したあとは**
　試験に合格すると、資格認定証書と資格登録証明書が発行されます。合格通知を受け取ったら、認定証書の交付手続きを忘れずにしましょう。
　認定証書が交付されると、ようやく正式に臨床心理士としての資格認定がなされます。また、日本臨床心理士資格認定協会発行の「日本臨床心理士名簿一覧」に、氏名等が登録後、臨床心理士有資格者の公告がなされます。

●**更新について**
　臨床心理士は、心理臨床活動能力の維持をはかるために、資格取得後は5年ごとに更新する制度をとっています。心理臨床活動や研修への参加などをポイントに換算し取得することにより、臨床心理士として登録され続けます。

最近の臨床心理士試験の受験状況		
	受験者数（人）	合格者数（人）	合格率（％）
2009年	2,531	1,577	62.3
2010年	2,607	1,598	61.3
2011年	2,740	1,661	60.6
2012年	2,812	1,663	59.1
2013年	2,804	1,751	62.4
2014年	2,664	1,610	60.4

（資料：日本臨床心理士資格認定協会）

● 第 5 章

あなたに合った資格取得のルートは?

1 あなたは
①学生 ➡ **2** へ　②社会人 ➡ **3** へ

2 どんな学校に通っている?
①第 1 種指定大学院 ……………………▶ コース 1
②心理学系大学 ……………………………▶ コース 2
③一般大学・心理学系以外の学部 ……▶ コース 3
④短大・専門学校 …………………………▶ コース 3
⑤中学・高校 ………………………………▶ コース 4

3 今の仕事は?
①指定施設での心理臨床経験が 3 年以上 ……▶ コース 2
②それ以外 ➡ **2** に戻り、最終学歴に沿って進む

コース 1：臨床心理士資格試験を受験する

コース 2：指定大学院に入学する

コース 3：転部もしくは 2 年次、3 年次に編入学する

コース 4：心理系の大学をめざす

※公認心理師受験資格を取得するためには、学部・大学院で所定の単位を修めることが必要。

役立ち情報ページ

臨床心理士になってみたいと思ったあなたのために、
進学や就職に役立つ情報を集めました。
資格を取るには、まずは養成校を探すことから。
学校案内や募集要項を取り寄せて、
あなたに合った学校を選びましょう。

臨床心理士試験の受験資格が取れる学校リスト

問い合わせ先

就職先を探すリスト

臨床心理士試験の受験資格が取れる学校リスト

修士課程（博士課程前期）修了と同時に
臨床心理士試験の受験資格を得られる全国の大学院を掲載。
修了後1年間の実務経験を経て受験資格を得られる大学院や、通信制のところもあります。

● 第1種指定大学院

都道府県	学校・研究科名	所在地	TEL
北海道	北海道大学大学院教育学院教育学専攻 臨床心理学講座	〒060-0811 北海道札幌市北区北11条西7	(011)716-2111
	札幌学院大学大学院臨床心理学研究科 臨床心理学専攻	〒069-8555 北海道江別市文京台11	(011)386-8111
	札幌国際大学大学院心理学研究科 臨床心理専攻	〒004-8602 北海道札幌市清田区清田4条1-4-1	(011)881-8844
	北翔大学大学院人間福祉学研究科 臨床心理学専攻	〒069-8511 北海道江別市文京台23	(011)386-8011
	北星学園大学大学院社会福祉学研究科 臨床心理学専攻	〒004-8631 北海道札幌市厚別区大谷地西2-3-1	(011)891-2731
	北海道医療大学大学院心理科学研究科 臨床心理学専攻	〒002-8072 北海道札幌市北区あいの里2条5	(011)778-8931
青森	弘前大学大学院教育学研究科学校教育専攻 臨床心理学分野	〒036-8560 青森県弘前市文京町1	(0172)39-3939
岩手	岩手大学大学院人文社会科学研究科 人間科学専攻臨床心理学領域	〒020-8550 岩手県盛岡市上田3-18-34	(019)621-6064
宮城	東北大学大学院教育学研究科 総合教育科学専攻臨床心理研究コース	〒980-8576 宮城県仙台市青葉区川内27-1	(022)795-6105
	東北福祉大学大学院総合福祉学研究科 福祉心理学専攻臨床心理学分野	〒981-8522 宮城県仙台市青葉区国見1-8-1	(022)233-3111
秋田	秋田大学大学院教育学研究科 心理教育実践専攻心理教育実践コース	〒010-8502 秋田県秋田市手形学園町1-1	(018)889-2507
山形	山形大学大学院地域教育文化研究科 臨床心理学専攻	〒990-8560 山形県山形市小白川町1-4-12	(023)628-4304
福島	福島大学大学院人間発達文化研究科 学校臨床心理専攻臨床心理領域	〒960-1296 福島県福島市金谷川1	(024)548-8103
	いわき明星大学大学院人文学研究科 臨床心理学専攻	〒970-8551 福島県いわき市中央台飯野5-5-1	(0246)29-5111
	福島学院大学大学院心理学研究科 臨床心理学専攻	〒960-0181 福島県福島市宮代乳児池1-1	(024)553-3221
茨城	茨城大学大学院教育学研究科 学校臨床心理専攻学校臨床心理専修	〒310-8512 茨城県水戸市文京2-1-1	(029)228-8208
	筑波大学大学院人間総合科学研究科心理専攻 心理臨床コース	〒305-8572 茨城県つくば市天王台1-1-1	(029)853-5606
	常磐大学大学院人間科学研究科人間科学専攻 臨床心理学領域	〒310-8585 茨城県水戸市見和1-430-1	(029)232-2511

栃木	作新学院大学大学院心理学研究科 臨床心理学専攻	〒321-3295 栃木県宇都宮市竹下町908	(028)667-7111
群馬	東京福祉大学大学院心理学研究科 臨床心理学専攻	〒372-0831 群馬県伊勢崎市山王町2020-1	(0270)20-3671
埼玉	跡見学園女子大学大学院人文科学研究科 臨床心理学専攻	〒352-8501 埼玉県新座市中野1-9-6	(048)478-3333
	埼玉工業大学大学院人間社会研究科 心理学専攻臨床心理学教育研究分野	〒369-0293 埼玉県深谷市普済寺1690	(048)585-2521
	駿河台大学大学院心理学研究科 臨床心理学専攻	〒357-8555 埼玉県飯能市阿須698	(042)972-1111
	東京国際大学大学院臨床心理学研究科 臨床心理学専攻	〒350-1198 埼玉県川越市的場2509	(049)232-1116
	文京学院大学大学院人間学研究科心理学専攻 臨床心理学コース	〒356-8533 埼玉県ふじみ野市亀久保1196	(049)261-6488
	文教大学大学院人間科学研究科 臨床心理学専攻	〒343-8511 埼玉県越谷市南荻島3337	(048)974-8811
	早稲田大学大学院人間科学研究科 人間科学専攻臨床心理学研究領域	〒359-1192 埼玉県所沢市三ヶ島2-579-15	(04)2947-6855
千葉	川村学園女子大学大学院人文科学研究科 心理学専攻臨床心理学領域	〒270-1138 千葉県我孫子市下ヶ戸1133	(04)7183-0111
	淑徳大学大学院総合福祉研究科心理学専攻 臨床心理学領域	〒260-8701 千葉県千葉市中央区大巌寺町200	(043)265-7331
	聖徳大学大学院臨床心理学研究科 臨床心理学専攻	〒271-8555 千葉県松戸市岩瀬550	(047)365-1111
東京	お茶の水女子大学大学院 人間文化創成科学研究科人間発達科学専攻 発達臨床心理学コース	〒112-8610 東京都文京区大塚2-1-1	(03)5978-5697
	東京大学大学院教育学研究科 総合教育科学専攻臨床心理学コース	〒113-0033 東京都文京区本郷7-3-1	(03)5841-3904
	青山学院大学大学院教育人間科学研究科 心理学専攻臨床心理学コース	〒150-8366 東京都渋谷区4-4-25	(03)3409-9528
	桜美林大学大学院心理学研究科 臨床心理学専攻	〒194-0294 東京都町田市常盤町3758	(042)797-1583
	大妻女子大学大学院人間文化研究科 臨床心理学専攻	〒206-8540 東京都多摩市唐木田2-7-1	(042)372-9970
	学習院大学大学院人間科学研究科 臨床心理学専攻	〒171-8588 東京都豊島区目白1-5-1	(03)3986-0221
	国際医療福祉大学大学院医療福祉学研究科 臨床心理学専攻	〒107-0062 東京都港区南青山1-3-3 青山1丁目タワー4・5階	(03)6406-8621
	駒沢女子大学大学院人文科学研究科 臨床心理学専攻	〒206-8511 東京都稲城市坂浜238	(042)350-7110
	駒澤大学大学院人文科学研究科心理学専攻 臨床心理学コース	〒154-8525 東京都世田谷区駒沢1-23-1	(03)3418-9048
	上智大学大学院総合人間科学研究科 心理学専攻臨床心理学コース	〒102-8554 東京都千代田区紀尾井町7-1	(03)3238-3811
	昭和女子大学大学院生活機構研究科 心理学専攻臨床心理学講座	〒154-8533 東京都世田谷区太子堂1-7-57	(03)3411-5154
	白百合女子大学大学院文学研究科 発達心理学専攻発達臨床心理学コース	〒182-8525 東京都調布市緑ヶ丘1-25	(03)3326-5050
	創価大学大学院文学研究科教育学専攻 臨床心理学専修	〒192-8577 東京都八王子市丹木町1-236	(042)691-2211
	大正大学大学院人間学研究科臨床心理学専攻	〒170-8470 東京都豊島区西巣鴨3-20-1	(03)3918-7311
	帝京大学大学院文学研究科臨床心理学専攻	〒192-0395 東京都八王子市大塚359	(0120)508-739

	東京家政大学大学院人間生活学総合研究科 臨床心理学専攻	〒173-8602 東京都板橋区加賀1-18-1	(03)3961-3473
	東京女子大学大学院人間科学研究科 人間社会科学専攻臨床心理学分野	〒167-8585 東京都杉並区善福寺2-6-1	(03)5382-6340
	東京成徳大学大学院心理学研究科 臨床心理学専攻	〒114-0033 東京都北区十条台1-7-13	(0120)711-267
	東洋英和女学院大学大学院人間科学研究科 人間科学専攻臨床心理学領域	〒106-8507 東京都港区六本木5-14-40	(03)3583-4031
	日本大学大学院文学研究科心理学専攻 臨床心理学コース	〒156-8550 東京都世田谷区桜上水3-25-40	(03)5317-8497
	法政大学大学院人間社会研究科 臨床心理学専攻	〒194-0298 東京都町田市相原町4342	(042)783-4047
	武蔵野大学大学院人間社会研究科 人間学専攻臨床心理学コース	〒135-8181 東京都江東区有明3-3-3	(03)5530-7300
	明治学院大学大学院心理学研究科 心理学専攻臨床心理学コース	〒108-8636 東京都港区白金台1-2-37	(03)5421-5111
	明治大学大学院文学研究科臨床人間学専攻 臨床心理学専修	〒101-8301 東京都千代田区神田駿河台1-1	(03)3296-4143
	明星大学大学院人文学研究科心理学専攻 臨床心理学コース	〒191-8506 東京都日野市程久保2-1-1	(042)591-5111
	目白大学大学院心理学研究科臨床心理学専攻	〒161-8539 東京都新宿区中落合4-31-1	(03)5996-3117
	立正大学大学院心理学研究科臨床心理学専攻	〒141-8602 東京都品川区大崎4-2-16	(03)3492-2681
	ルーテル学院大学大学院総合人間学研究科 臨床心理学専攻	〒181-0015 東京都三鷹市大沢3-10-20	(0422)31-4611
神奈川	横浜国立大学大学院教育学研究科 教育実践専攻 特別支援教育・臨床心理学コース 臨床心理学専修	〒240-8501 神奈川県横浜市保土ケ谷区常盤台79-2	(045)339-3261
	神奈川大学大学院人間科学研究科 人間科学専攻臨床心理学研究領域	〒221-8686 神奈川県横浜市神奈川区六角橋3-27-1	(045)481-5661
	北里大学大学院医療系研究科医科学専攻 臨床心理学コース	〒252-0373 神奈川県相模原市南区北里1-15-1	(042)778-9305
	専修大学大学院文学研究科心理学専攻 臨床心理学領域	〒214-8580 神奈川県川崎市多摩区東三田2-1-1	(044)911-1271
	日本女子大学大学院人間社会研究科 心理学専攻臨床心理学領域	〒214-8565 神奈川県川崎市多摩区西生田1-1-1	(044)966-2121
山梨	山梨英和大学大学院人間文化研究科 臨床心理学専攻	〒400-8555 山梨県甲府市横根町888	(055)223-6020
長野	信州大学大学院教育学研究科学校教育専攻 臨床心理学専修	〒380-8544 長野県長野市西長野6のロ	(026)238-4011
新潟	上越教育大学大学院学校教育研究科 学校教育専攻臨床心理学コース	〒943-8512 新潟県上越市山屋敷町1	(025)522-2411
	新潟青陵大学大学院臨床心理学研究科 臨床心理学専攻	〒951-8121 新潟県新潟市中央区水道町1-5939	(025)266-0127
石川	金沢工業大学大学院心理科学研究科 臨床心理学専攻	〒921-8501 石川県野々市市扇が丘7-1	(076)248-1100
福井	仁愛大学大学院人間学研究科臨床心理学専攻	〒915-8586 福井県越前市大手町3-1-1	(0778)27-2010
岐阜	岐阜大学大学院教育学研究科 心理発達支援専攻臨床心理学コース	〒501-1193 岐阜県岐阜市柳戸1-1	(058)293-2206
	東海学院大学大学院人間関係学研究科 臨床心理学専攻	〒504-8511 岐阜県各務原市那加桐野町5-68	(058)389-2200
静岡	静岡大学大学院人文社会科学研究科 臨床人間科学専攻臨床心理学コース	〒422-8529 静岡県静岡市駿河区大谷836	(054)237-1111

	常葉大学大学院健康科学研究科 臨床心理学専攻	〒431-2102 静岡県浜松市北区都田町1230	(053)428-3511
愛知	愛知教育大学大学院教育学研究科 学校教育臨床専攻臨床心理学コース	〒448-8542 愛知県刈谷市井ヶ谷町広沢1	(0566)26-2111
	名古屋大学大学院教育発達科学研究科 心理発達科学専攻精神発達臨床科学講座	〒464-8601 愛知県名古屋市千種区不老町	(052)789-2606
	愛知学院大学大学院心身科学研究科 心理学専攻臨床心理士養成コース	〒470-0195 愛知県日進市岩崎町阿良池12	(0561)73-1111
	愛知淑徳大学大学院心理医療科学研究科 心理医療科学専攻臨床心理学コース	〒480-1197 愛知県長久手市片平2-9	(0561)62-4111
	金城学院大学大学院人間生活学研究科 人間発達学専攻臨床心理学分野	〒463-8521 愛知県名古屋市守山区大森2-1723	(052)798-0180
	椙山女学園大学大学院人間関係学研究科 人間関係学専攻臨床心理学領域	〒470-0136 愛知県日進市竹の山3-2005	(0561)74-1186
	中京大学大学院心理学研究科 臨床・発達心理学専攻臨床心理学研究領域	〒466-8666 愛知県名古屋市昭和区八事本町101-2	(052)835-7111
	日本福祉大学大学院社会福祉学研究科 心理臨床専攻	〒460-0012 愛知県名古屋市中区千代田5-22-35	(052)242-3050
	人間環境大学大学院人間環境学研究科 人間環境専攻臨床心理研究指導分野	〒444-3505 愛知県岡崎市本宿町上三本松6-2	(0564)48-7811
京都	京都大学大学院教育学研究科臨床教育学専攻 心理臨床学講座	〒606-8501 京都府京都市左京区吉田本町	(075)753-7531
	京都教育大学大学院教育学研究科 学校教育専攻教育臨床心理学コース	〒612-8522 京都府京都市伏見区深草藤森町1	(075)644-8106
	京都学園大学大学院人間文化研究科 人間文化専攻臨床心理学コース	〒621-8555 京都府亀岡市曽我部町南条大谷1-1	(0771)22-2001
	京都光華女子大学大学院心理学研究科 臨床心理学専攻	〒615-0882 京都府京都市右京区西京極葛野町38	(075)325-5221
	京都女子大学大学院発達教育学研究科 心理学専攻臨床心理学領域	〒605-8501 京都府京都市東山区今熊野北日吉町35	(075)531-7054
	京都ノートルダム女子大学大学院 心理学研究科臨床心理学専攻	〒606-0847 京都府京都市左京区下鴨南野々神町1	(075)781-1173
	京都文教大学大学院臨床心理学研究科 臨床心理学専攻	〒611-0041 京都府宇治市槇島町千足80	(0774)25-2400
	同志社大学大学院心理学研究科心理学専攻 臨床心理学コース	〒610-0394 京都府京田辺市多々羅都谷1-3	(0774)65-8220
	花園大学大学院社会福祉学研究科 社会福祉学専攻臨床心理学領域	〒604-8456 京都府京都市中京区西ノ京壺ノ内町8-1	(075)811-5181
	佛教大学大学院教育学研究科臨床心理学専攻	〒603-8301 京都府京都市北区紫野北花ノ坊町96	(075)491-2141
	立命館大学大学院応用人間科学研究科 応用人間科学専攻臨床心理学領域	〒603-8577 京都府京都市北区等持院北町56-1	(075)465-8375
	龍谷大学大学院文学研究科臨床心理学専攻	〒600-8268 京都府京都市下京区七条通大宮東入大工町125-1	(075)343-3317
大阪	大阪大学大学院人間科学研究科人間科学専攻 教育学系臨床心理学講座臨床心理学研究分野	〒565-0871 大阪府吹田市山田丘1-2	(06)6877-5111
	大阪市立大学大学院生活科学研究科 生活科学専攻臨床心理学コース	〒558-8585 大阪府大阪市住吉区杉本3-3-138	(06)6605-2801
	大阪府立大学大学院 人間社会システム科学研究科 現代システム科学専攻臨床心理学分野	〒599-8531 大阪府堺市中区学園町1-1	(072)252-1161
	追手門学院大学大学院心理学研究科 心理学専攻臨床心理学コース	〒567-8502 大阪府茨木市西安威2-1-15	(072)641-9644

	大学・研究科	住所	電話
	大阪樟蔭女子大学大学院人間科学研究科臨床心理学専攻	〒577-8550 大阪府東大阪市菱屋西4-2-26	(06)6723-8181
	大阪経済大学大学院人間科学研究科臨床心理学専攻	〒533-8533 大阪府大阪市東淀川区大隅2-2-8	(06)6328-2431
	関西福祉科学大学大学院社会福祉学研究科心理臨床学専攻	〒582-0026 大阪府柏原市旭ケ丘3-11-1	(072)978-0088
	梅花女子大学大学院現代人間学研究科臨床心理学専攻	〒567-8578 大阪府茨木市宿久庄2-19-5	(072)643-6221
兵庫	神戸大学大学院人間発達環境学研究科人間発達専攻臨床心理学コース	〒657-8501 兵庫県神戸市灘区鶴甲3-11	(078)803-7924
	兵庫教育大学大学院学校教育研究科人間発達教育専攻臨床心理学コース	〒650-0044 兵庫県神戸市中央区東川崎町1-5-7 神戸情報文化ビル3階	(078)361-5023
	関西国際大学大学院人間行動学研究科人間行動学専攻臨床心理学コース	〒661-0976 兵庫県尼崎市潮江1-3-23	(06)6498-4755
	甲子園大学大学院人間文化学研究科人間文化学専攻臨床心理学コース	〒665-0006 兵庫県宝塚市紅葉ガ丘10-1	(0797)87-5111
	甲南女子大学大学院人文科学総合研究科心理・教育専攻臨床心理学コース	〒658-0001 兵庫県神戸市東灘区森北町6-2-23	(078)431-0499
	甲南大学大学院人文科学研究科人間科学専攻心理臨床専修	〒658-8501 兵庫県神戸市東灘区岡本8-9-1	(078)431-4341
	神戸学院大学大学院人間文化学研究科心理学専攻臨床心理学系	〒651-2180 兵庫県神戸市西区伊川谷町有瀬518	(078)974-1551
	神戸松蔭女子学院大学大学院文学研究科心理学専攻臨床心理学コース	〒657-0015 兵庫県神戸市灘区篠原伯母野山町1-2-1	(078)882-6123
	神戸女学院大学大学院人間科学研究科人間科学専攻臨床心理学分野	〒662-8505 兵庫県西宮市岡田山4-1	(0798)51-8543
	神戸親和女子大学大学院文学研究科心理臨床学専攻	〒651-1111 兵庫県神戸市北区鈴蘭台北町7-13-1	(078)591-1651
	武庫川女子大学大学院文学研究科臨床心理学専攻	〒663-8558 兵庫県西宮市池開町6-46	(0798)47-1212
奈良	帝塚山大学大学院心理科学研究科心理科学専攻臨床心理学専修	〒631-8585 奈良県奈良市学園南3-1-3	(0742)41-4716
	天理大学大学院臨床人間学研究科臨床心理学専攻	〒632-8510 奈良県天理市杣之内町1050	(0743)62-2164
	奈良大学大学院社会学研究科社会学専攻臨床心理学コース	〒631-8502 奈良県奈良市山陵町1500	(0742)44-1251
鳥取	鳥取大学大学院医学系研究科臨床心理学専攻	〒683-8503 鳥取県米子市西町86	(0859)33-1111
島根	島根大学大学院教育学研究科臨床心理専攻	〒690-8504 島根県松江市西川津町1060	(0852)32-6100
岡山	岡山大学大学院教育学研究科教育臨床心理学専攻	〒700-8530 岡山県岡山市北区津島中3-1-1	(086)252-1111
	川崎医療福祉大学大学院医療福祉学研究科臨床心理学専攻	〒701-0193 岡山県倉敷市松島288	(086)462-1111
	吉備国際大学大学院心理学研究科臨床心理学専攻	〒716-8508 岡山県高梁市伊賀町8	(0866)22-9454
	ノートルダム清心女子大学大学院人間生活学研究科人間発達学専攻臨床心理学コース	〒700-8516 岡山県岡山市北区伊福町2-16-9	(086)252-1155
広島	広島大学大学院教育学研究科心理学専攻心理臨床学コース	〒739-8524 広島県東広島市鏡山1-1-1	(082)422-7111
	比治山大学大学院現代文化研究科心理臨床学専攻	〒732-8509 広島県広島市東区牛田新町4-1-1	(082)229-0121

	広島文教女子大学大学院人間科学研究科 教育学専攻臨床心理学コース	〒731-0295 広島県広島市安佐北区可部東1-2-1	(082)814-3191
	安田女子大学大学院文学研究科教育学専攻 臨床心理学コース	〒731-0153 広島県広島市安佐南区安東6-13-1	(082)878-8111
山口	山口大学大学院教育学研究科学校教育専攻 学校臨床心理学専修	〒753-8513 山口県山口市吉田1677-1	(083)933-5300
	宇部フロンティア大学大学院人間科学研究科 臨床心理学専攻	〒755-0805 山口県宇部市文京台2-1-1	(0836)38-0500
	東亜大学大学院総合学術研究科 臨床心理学専攻	〒751-8503 山口県下関市一の宮学園町2-1	(083)256-1111
徳島	徳島大学大学院総合科学教育部 臨床心理学専攻	〒770-8502 徳島県徳島市南常三島町1-1	(088)656-7103
	鳴門教育大学大学院学校教育研究科 人間教育専攻臨床心理士養成コース	〒772-8502 徳島県鳴門市鳴門町高島字中島748	(088)687-6000
	徳島文理大学大学院人間生活学研究科 心理学専攻臨床心理学コース	〒770-8514 徳島県徳島市山城町西浜傍示180	(088)602-8000
香川	香川大学大学院教育学研究科 学校臨床心理専攻臨床心理学コース	〒760-8522 香川県高松市幸町1-1	(087)832-1405
愛媛	愛媛大学大学院教育学研究科 学校臨床心理専攻臨床心理学コース	〒790-8577 愛媛県松山市文京町3	(089)927-9172
福岡	九州大学大学院人間環境学府 人間共生システム専攻 臨床心理学指導・研究コース	〒812-8581 福岡県福岡市東区箱崎6-19-1	(092)642-3105
	福岡教育大学大学院教育学研究科 教育科学専攻教育臨床心理学コース	〒811-4192 福岡県宗像市赤間文教町1-1	(0940)35-1200
	福岡県立大学大学院人間社会学研究科 心理臨床専攻	〒825-8585 福岡県田川市伊田4395	(0947)42-2118
	九州産業大学大学院国際文化研究科 国際文化専攻臨床心理学研究分野	〒813-8503 福岡県福岡市東区松香台2-3-1	(092)673-5596
	久留米大学大学院心理学研究科 臨床心理学専攻	〒839-8502 福岡県久留米市御井町1635	(0942)43-4411
	福岡女学院大学大学院人文科学研究科 臨床心理学専攻	〒811-1313 福岡県福岡市南区日佐3-42-1	(092)575-2970
	福岡大学大学院人文科学研究科 教育・臨床心理専攻臨床心理分野	〒814-0180 福岡県福岡市城南区七隈8-19-1	(092)871-6631
佐賀	西九州大学大学院生活支援科学研究科 臨床心理学専攻	〒842-8585 佐賀県神埼市神埼町尾崎4490-9	(0952)52-4191
長崎	長崎純心大学大学院人間文化研究科 人間文化専攻臨床心理学分野	〒852-8558 長崎県長崎市三ツ山町235	(095)846-0084
大分	大分大学大学院教育学研究科学校教育専攻 臨床心理学コース	〒870-1192 大分県大分市大字旦野原700	(097)554-7506
	別府大学大学院文学研究科臨床心理学専攻	〒874-8501 大分県別府市北石垣82	(0977)67-0101
鹿児島	鹿児島純心女子大学大学院人間科学研究科 心理臨床学専攻	〒895-0011 鹿児島県薩摩川内市天辰町2365	(0996)23-5311
	志學館大学大学院心理臨床学研究科 心理臨床学専攻	〒890-8504 鹿児島県鹿児島市紫原1-59-1	(099)812-8501
沖縄	沖縄国際大学大学院地域文化研究科 人間福祉専攻臨床心理学領域	〒901-2701 沖縄県宜野湾市宜野湾2-6-1	(098)892-1111

●第2種指定大学院

都道府県	学校・研究科名	所在地	TEL
北海道	北海道教育大学大学院教育学研究科 学校臨床心理専攻	〒002-8501 北海道札幌市北区あいの里5条3-1-3	(011)778-0206
岩手	岩手県立大学大学院社会福祉学研究科 社会福祉学専攻臨床心理コース	〒020-0693 岩手県滝沢市巣子152-52	(019)694-2000
千葉	放送大学大学院文化科学研究科文化科学専攻 臨床心理学プログラム	〒261-8586 千葉県千葉市美浜区若葉2-11	(043)276-5111
東京	東京学芸大学大学院教育学研究科 学校心理専攻臨床心理コース	〒184-8501 東京都小金井市貫井北町4-1-1	(042)329-7704
	首都大学東京大学院人文科学研究科 人間科学専攻臨床心理学分野	〒192-0397 東京都八王子市南大沢1-1	(042)677-2053
	聖心女子大学大学院文学研究科人間科学専攻 臨床心理学研究領域	〒150-8938 東京都渋谷区広尾4-3-1	(03)3407-5811
	中央大学大学院文学研究科心理学専攻 臨床心理学コース	〒192-0393 東京都八王子市東中野742-1	(042)674-2612
神奈川	東海大学大学院文学研究科 コミュニケーション学専攻臨床心理学系	〒259-1292 神奈川県平塚市北金目4-1-1	(0463)58-1211
新潟	新潟大学大学院教育学研究科学校教育専攻 臨床心理学分野	〒950-2181 新潟県新潟市西区五十嵐2の町8050	(025)223-6161
熊本	熊本大学大学院教育学研究科 学校教育実践専攻臨床心理学分野	〒860-8555 熊本県熊本市中央区黒髪2-40-1	(096)342-2522
沖縄	琉球大学大学院教育学研究科臨床心理学専攻	〒903-0213 沖縄県西原町字千原1	(098)895-8315

●専門職大学院

都道府県	学校・研究科名	所在地	TEL
東京	帝京平成大学大学院臨床心理学研究科 臨床心理学専攻（専門職学位課程）	〒170-8545 東京都豊島区東池袋2-51-4	(03)5843-3111
大阪	帝塚山学院大学大学院人間科学研究科 臨床心理学専攻（専門職学位課程）	〒590-0113 大阪府堺市南区晴美台4-2-2	(072)296-1331
	関西大学大学院心理学研究科 心理臨床学専攻（専門職学位課程）	〒564-8680 大阪府吹田市山手町3-3-35	(06)6368-0136
広島	広島国際大学大学院心理科学研究科 実践臨床心理学専攻（専門職学位課程）	〒730-0016 広島県広島市中区幟町1-5	(0120)55-1659
福岡	九州大学大学院人間環境学府 実践臨床心理学専攻（専門職学位課程）	〒812-8581 福岡県福岡市東区箱崎6-19-1	(092)642-3105
鹿児島	鹿児島大学大学院臨床心理学研究科 臨床心理学専攻（専門職学位課程）	〒890-8580 鹿児島県鹿児島市郡元1-21-24	(099)285-7111

(2016年1月現在)

問い合わせ先

臨床心理士の資格や仕事について知りたいことがあれば、
試験を実施している日本臨床心理士資格認定協会にたずねてみましょう。

●公益財団法人日本臨床心理士資格認定協会

所在地・URL	TEL
〒113-0033　東京都文京区本郷2-40-14　山崎ビル7階　http://www.fjcbcp.or.jp	(03)3817-0020

就職先を探すリスト

臨床心理士の仕事を探すときは、ハローワークなどでも情報を集められます。
就職先を探すときの参考にしてください。

●おもなハローワーク

都道府県	名称	所在地	TEL
北海道	札幌公共職業安定所	〒064-8609　北海道札幌市中央区南十条西14丁目	(011)562-0101
青森	青森公共職業安定所	〒030-0822　青森県青森市中央2-10-10	(017)776-1561
岩手	盛岡公共職業安定所	〒020-0885　岩手県盛岡市紺屋町7-26	(019)624-8902
宮城	仙台公共職業安定所	〒983-0852　宮城県仙台市宮城野区榴岡4-2-3　仙台MTビル3～5階	(022)299-8811
秋田	秋田公共職業安定所	〒010-0065　秋田県秋田市茨島1-12-16	(018)864-4111
山形	山形公共職業安定所	〒990-0813　山形県山形市桧町2-6-13	(023)684-1521
福島	福島公共職業安定所	〒960-8589　福島県福島市狐塚17-40	(024)534-4121
茨城	水戸公共職業安定所	〒310-8509　茨城県水戸市水府町1573-1	(029)231-6221
栃木	宇都宮公共職業安定所	〒320-0845　栃木県宇都宮市明保野町1-4　宇都宮第2地方合同庁舎1階	(028)638-0369
群馬	前橋公共職業安定所	〒379-2154　群馬県前橋市天川大島町130-1	(027)290-2111
埼玉	川口公共職業安定所	〒332-0031　埼玉県川口市青木3-2-7	(048)251-2901
千葉	千葉公共職業安定所	〒261-0001　千葉県千葉市美浜区幸町1-1-3	(043)242-1181
東京	飯田橋公共職業安定所	〒112-8577　東京都文京区後楽1-9-20　飯田橋合同庁舎内1～5階	(03)3812-8609

神奈川	横浜公共職業安定所	〒231-0023 神奈川県横浜市中区山下町209帝蚕関内ビル	(045)663-8609
山梨	甲府公共職業安定所	〒400-0851 山梨県甲府市住吉1-17-5	(055)232-6060
長野	長野公共職業安定所	〒380-0935 長野県長野市中御所3-2-3	(026)228-1300
新潟	新潟公共職業安定所	〒950-8532 新潟県新潟市中央区美咲町1-2-1　新潟美咲合同庁舎2号館	(025)280-8609
富山	富山公共職業安定所	〒930-0857 富山県富山市奥田新町45	(076)431-8609
石川	金沢公共職業安定所	〒920-8609 石川県金沢市鳴和1-18-42	(076)253-3030
福井	福井公共職業安定所	〒910-8509 福井県福井市開発1-121-1	(0776)52-8150
岐阜	岐阜公共職業安定所	〒500-8719 岐阜県岐阜市五坪1-9-1　岐阜労働総合庁舎内	(058)247-3211
静岡	静岡公共職業安定所	〒422-8045 静岡県静岡市駿河区西島235-1	(054)238-8609
愛知	名古屋東公共職業安定所	〒465-8609 愛知県名古屋市名東区平和が丘1-2	(052)774-1115
三重	四日市公共職業安定所	〒510-0093 三重県四日市市本町3-95	(059)353-5566
滋賀	大津公共職業安定所	〒520-0043 滋賀県大津市中央4-6-52	(077)522-3773
京都	京都西陣公共職業安定所	〒602-8258 京都府京都市上京区大宮通中立売下ル和水町439-1	(075)451-8609
大阪	大阪東公共職業安定所	〒540-0011 大阪府大阪市中央区農人橋2-1-36　ピップビル1～3階	(06)6942-4771
兵庫	神戸公共職業安定所	〒650-0025 兵庫県神戸市中央区相生町1-3-1	(078)362-8609
奈良	奈良公共職業安定所	〒630-8113 奈良県奈良市法蓮町387　奈良第3地方合同庁舎	(0742)36-1601
和歌山	和歌山公共職業安定所	〒640-8331 和歌山県和歌山市美園町5-4-7	(073)425-8609
鳥取	鳥取公共職業安定所	〒680-0845 鳥取県鳥取市富安2-89	(0857)23-2021
島根	松江公共職業安定所	〒690-0841 島根県松江市向島町134-10　松江地方合同庁舎2階	(0852)22-8609
岡山	岡山公共職業安定所	〒700-0971 岡山県岡山市北区野田1-1-20	(086)241-3222
広島	広島公共職業安定所	〒730-8513 広島県広島市中区上八丁堀8-2　広島清水ビル	(082)223-8609
山口	山口公共職業安定所	〒753-0064 山口県山口市神田町1-75	(083)922-0043
徳島	徳島公共職業安定所	〒770-0823 徳島県徳島市出来島本町1-5	(088)622-6305
香川	高松公共職業安定所	〒761-8566 香川県高松市花ノ宮町2-2-3	(087)869-8609
愛媛	松山公共職業安定所	〒791-8522 愛媛県松山市六軒家町3-27　松山労働総合庁舎	(089)917-8609
高知	高知公共職業安定所	〒781-8560 高知県高知市大津乙2536-6	(088)878-5320
福岡	福岡中央公共職業安定所	〒810-8605 福岡県福岡市中央区長浜2-1-1	(092)761-5605
佐賀	佐賀公共職業安定所	〒840-0826 佐賀県佐賀市白山2-1-15	(0952)24-4361
長崎	長崎公共職業安定所	〒852-8522 長崎県長崎市宝栄町4-25	(095)862-8609
熊本	熊本公共職業安定所	〒862-8688 熊本県熊本市中央区大江3-1-53　熊本第2合同庁舎5階	(096)362-7100
大分	大分公共職業安定所	〒870-8555 大分県大分市都町4-1-20	(097)538-8609
宮崎	宮崎公共職業安定所	〒880-8533 宮崎県宮崎市柳丸町131	(0985)23-2245
鹿児島	鹿児島公共職業安定所	〒890-8555 鹿児島県鹿児島市下荒田1-43-28	(099)250-6060
沖縄	那覇公共職業安定所	〒900-8601 沖縄県那覇市おもろまち1-3-25　沖縄職業総合庁舎	(098)866-8609

(2016年1月現在)

福祉人材センター

都道府県	所在地	TEL
中央	〒100-8980 東京都千代田区霞が関3-3-2　新霞が関ビル　全国社会福祉協議会内	(03)3581-7801
北海道	〒060-0002 北海道札幌市中央区北2条西7丁目1　かでる2・7　3階	(011)272-6662
青森	〒030-0822 青森県青森市中央3-20-30　県民福祉プラザ2階	(017)777-0012
岩手	〒020-0831 岩手県盛岡市三本柳8-1-3　ふれあいランド岩手2階	(019)637-4522
宮城	〒980-0014 宮城県仙台市青葉区本町3-7-4　宮城県社会福祉会館1階	(022)262-9777
秋田	〒010-0922 秋田県秋田市旭北栄町1-5　秋田県社会福祉会館5階	(018)864-2880
山形	〒990-0021 山形県山形市小白川町2-3-30	(023)633-7739
福島	〒960-8141 福島県福島市渡利字七社宮111　福島県総合社会福祉センター3階	(024)521-5662
茨城	〒310-0851 茨城県水戸市千波町1918　茨城県総合福祉会館2階	(029)244-3727
栃木	〒320-8508 栃木県宇都宮市若草1-10-6　とちぎ福祉プラザ3階	(028)643-5622
群馬	〒371-8525 群馬県前橋市新前橋町13-12　群馬県社会福祉総合センター6階	(027)255-6600
埼玉	〒330-8529 埼玉県さいたま市浦和区針ヶ谷4-2-65　すこやかプラザ1階	(048)833-8033
千葉	〒260-0015 千葉県千葉市中央区富士見2-3-1　塚本大千葉ビル6階	(043)441-6301
東京	〒102-0072 東京都千代田区飯田橋3-10-3　東京しごとセンター7階 〒160-0021 (介護職支援コース就職相談窓口)東京都新宿区歌舞伎町2-44-1　東京都健康プラザ「ハイジア」3階 〒190-0012 (多摩支所)東京都立川市曙町2-34-13　オリンピック第3ビル7階	(03)5211-2860 (03)5155-7804 (042)595-8422
神奈川	〒221-0835 神奈川県横浜市神奈川区鶴屋町2-24-2　かながわ県民センター13階	(045)312-4816
山梨	〒400-0005 山梨県甲府市北新1-2-12　山梨県福祉プラザ4階	(055)254-8654
長野	〒380-0928 長野県長野市若里7-1-7　長野県社会福祉総合センター4階	(026)226-7330
新潟	〒950-8575 新潟県新潟市中央区上所2-2-2　新潟ユニゾンプラザ3階	(025)281-5523
富山	〒930-0094 富山県富山市安住町5-21　富山県総合福祉会館	(076)432-6156
石川	〒920-0964 石川県金沢市本多町3-1-10　石川県社会福祉会館内	(076)234-1151
福井	〒910-8516 福井県福井市光明2-3-22　福井県社会福祉センター1階	(0776)21-2294
岐阜	〒500-8385 岐阜県岐阜市下奈良2-2-1　岐阜県福祉・農業会館6階	(058)276-2510
静岡	〒420-0856 静岡県静岡市葵区駿府町1-70　県総合社会福祉会館シズウエル3階 〒410-0801 (東部支所)静岡県沼津市大手町1-1-3　パレット2階	(054)271-2110 (055)952-2942
愛知	〒461-0011 愛知県名古屋市東区白壁1-50　愛知県社会福祉会館5階	(052)212-5519
三重	〒514-8552 三重県津市桜橋2-131　三重県社会福祉会館内	(059)224-1082
滋賀	〒525-0032 滋賀県草津市大路1-1-1　エルティ932　3階 〒526-0036 (湖北介護・福祉人材センター)滋賀県長浜市地福寺町4-36　長浜市民交流センター1階	(077)567-3925 (0749)64-5125
京都	〒604-0874 京都府京都市中京区竹屋町烏丸東入清水町375　ハートピア京都地下1階	(075)252-6297
大阪	〒542-0065 大阪府大阪市中央区中寺1-1-54　大阪社会福祉指導センター1階	(06)6762-9020
兵庫	〒651-0062 兵庫県福祉センター内兵庫県神戸市中央区坂口通2-1-1	(078)271-3881
奈良	〒634-0061 奈良県橿原市大久保町320-11　奈良県社会福祉総合センター3階	(0744)29-0160
和歌山	〒640-8545 和歌山県和歌山市手平2-1-2　県民交流プラザ和歌山ビッグ愛7階	(073)435-5211
鳥取	〒689-0201 鳥取県鳥取市伏野1729-5　県立福祉人材研修センター	(0857)59-6336
島根	〒690-0011 島根県松江市東津田町1741-3　いきいきプラザ島根2階 〒697-0016 (石見分室)島根県浜田市野原町1826-1　いわみーる2階	(0852)32-5957 (0855)24-9340
岡山	〒700-0807 岡山県岡山市北区南方2-13-1　きらめきプラザ1階	(086)226-3507

広島	〒732-0816 広島県広島市南区比治山本町12-2　広島県社会福祉会館内	(082)256-4848
山口	〒753-0072 山口県山口市大手町9-6　山口県社会福祉会館内	(083)922-6200
徳島	〒770-0943 徳島県徳島市中昭和町1-2　徳島県立総合福祉センター3階	(088)625-2040
香川	〒760-0017 香川県高松市番町1-10-35　香川県社会福祉総合センター4階	(087)833-0250
愛媛	〒790-8553 愛媛県松山市持田町3-8-15　愛媛県総合社会福祉会館2階	(089)921-5344
高知	〒780-8567 高知県高知市朝倉戊375-1　県立ふくし交流プラザ1階	(088)844-3511
福岡	〒816-0804 福岡県春日市原町3-1-7　クローバープラザ2階	(092)584-3310
佐賀	〒840-0021 佐賀県佐賀市鬼丸町7-18 佐賀県社会福祉会館2階	(0952)28-3406
長崎	〒852-8555 長崎県長崎市茂里町3-24	(095)846-8656
熊本	〒860-0842 熊本県熊本市中央区南千反畑町3-7　熊本県総合福祉センター4階	(096)322-8077
大分	〒870-0161 大分県大分市明野東3-4-1　大分県社会福祉介護研修センター内	(097)552-7000
宮崎	〒880-8515 宮崎県宮崎市原町2-22　宮崎県福祉総合センター内	(0985)32-9740
鹿児島	〒890-8517 鹿児島県鹿児島市鴨池新町1-7　鹿児島県社会福祉センター内	(099)258-7888
沖縄	〒903-8603 沖縄県那覇市首里石嶺町4-373-1　沖縄県総合福祉センター東棟3階	(098)882-5703

(2016年1月現在)

●福祉人材バンク

都道府県	名称	所在地	TEL
北海道	函館市福祉人材バンク	〒040-0063 北海道函館市若松町33-6　函館市総合福祉センター3階	(0138)23-8546
	旭川市福祉人材バンク	〒070-0035 北海道旭川市5条通4丁目8931-1 旭川市ときわ市民ホール1階	(0166)23-0138
	釧路市福祉人材バンク	〒085-0011 北海道釧路市旭町12-3　釧路市総合福祉センター内3階	(0154)24-1686
	帯広市福祉人材バンク 無料職業紹介所	〒080-0847 北海道帯広市公園東町3-9-1　帯広グリーンプラザ内	(0155)27-2525
	北見市福祉人材バンク	〒090-0065 北海道北見市寿町3-4-1　北見市総合福祉会館内	(0157)22-8046
	苫小牧市福祉人材バンク	〒053-0021 北海道苫小牧市若草町3-3-8　苫小牧市民活動センター1階	(0144)32-7111
青森	弘前福祉人材バンク	〒036-8063 青森県弘前市宮園1-8-1	(0172)36-1830
	八戸福祉人材バンク	〒039-1166 青森県八戸市根城8-8-155 八戸市総合福祉会館1階	(0178)47-2940
群馬	高崎市福祉人材バンク	〒370-0045 群馬県高崎市東町80-1　高崎市社会福祉協議会	(027)324-2761
	太田福祉人材バンク	〒373-0817 群馬県太田市飯塚町1549　太田福祉会館1階	(0276)48-9599
神奈川	川崎市福祉人材バンク	〒211-0053 神奈川県川崎市中原区上小田中6-22-5 川崎市総合福祉センター5階	(044)739-8726
福井	嶺南福祉人材バンク 無料職業紹介所	〒914-0047 福井県敦賀市東洋町4-1　あいあいプラザ内	(0770)22-3133
静岡	浜松市福祉人材バンク	〒432-8035 静岡県浜松市中区成子町140-8　浜松市福祉交流センター3階	(053)458-9205
愛知	豊橋市福祉人材バンク	〒440-0055 愛知県豊橋市前畑町115　豊橋市総合福祉センター内	(0532)52-1111
兵庫	姫路市福祉人材バンク	〒670-0955 兵庫県姫路市安田3-1　姫路市自治福祉会館内	(079)284-9988
和歌山	紀南福祉人材バンク	〒646-0028 和歌山県田辺市高雄1-23-1　田辺市民総合センター内	(0739)26-4918
広島	くれ福祉人材バンク	〒737-8517 広島県呉市本町9-21　すこやかセンターくれ別館2階	(0823)21-5013
高知	安芸福祉人材バンク	〒784-0007 高知県安芸市寿町2-8	(0887)34-3540
	幡多福祉人材バンク	〒787-0012 高知県四万十市右山五月町8-3	(0880)35-5514
福岡	北九州市福祉人材バンク	〒804-0067 福岡県北九州市戸畑区汐井町1-6　ウェルとばた8階	(093)881-0901
	筑後地区福祉人材バンク	〒830-0027 福岡県久留米市長門石1-1-34 久留米市総合福祉センター内	(0942)34-3035
	筑豊地区福祉人材バンク	〒820-0011 福岡県飯塚市柏の森956-4　飯塚市社会福祉協議会内	(0948)23-2210
	京築地区福祉人材バンク	〒824-0063 福岡県行橋市中津熊501 総合福祉センターウィズゆくはし内	(0930)23-8495
長崎	佐世保福祉人材バンク	〒857-0028 長崎県佐世保市八幡町6-1	(0956)23-3174
大分	日田市福祉人材バンク	〒877-0003 大分県日田市上城内町1-8 日田市総合保健福祉センター3階	(0973)24-7590
沖縄	名護市福祉人材バンク	〒905-0014 沖縄県名護市港2-1-1　名護市民会館内福祉センター	(0980)53-4142

(2016年1月現在)

執筆●鷲島鈴香
本文イラスト●matsu（マツモト ナオコ）
DTP●レオプロダクト
取材協力●小平市教育相談室／医療法人財団順和会山王病院／日野市立日野第一小学校／社会福祉法人さがみ愛育会渕野辺保育園／ピースマインド・イープ株式会社／横浜少年鑑別所／ライモン臨床心理研究会／お茶の水女子大学基幹研究院／東京都ひきこもりサポートネット／公益社団法人全国私立保育園連盟／八王子市立長房西保育園／社会福祉法人真生会白百合ベビーホーム／公立大学法人奈良県立医科大学附属病院／特定非営利活動法人心のSOSサポートネット／国際医療福祉大学大学院
企画編集・デザイン●SIXEEDS

監修者紹介

亀口 憲治（かめぐち けんじ）

1948年福岡県生まれ。九州大学大学院教育学研究科博士課程全単位修得。教育心理学博士。ニューヨーク州立大学研究員（フルブライト研究員）、福岡教育大学教授、東京大学大学院教育学研究科教授などを経て、現在、国際医療福祉大学大学院教授。専門分野は臨床心理学、家族療法、家族心理学、システム心理学。主な著書に、『家族臨床心理学　子どもの問題を家族で解決する』（東京大学出版会）、『家族療法』（編著、ミネルヴァ書房）などがある。

まるごとガイドシリーズ⑧
臨床心理士・公認心理師まるごとガイド
──資格のとり方・しごとのすべて──

2016年4月30日　初　版第1刷発行　　〈検印省略〉
定価はカバーに表示しています

監修者	亀　口　憲　治
発行者	杉　田　啓　三
印刷者	平　野　竜太郎

発行所　株式会社　ミネルヴァ書房
607-8494　京都市山科区日ノ岡堤谷町1
電話代表（075）581-5191
振替口座01020-0-8076

©SIXEEDS, 2016　　　　　　　　　　シナノ書籍印刷

ISBN978-4-623-07681-9
Printed in Japan

福祉の「しごと」と資格まるごとガイド

監修　田端光美
Ａ５判・324頁・1800円

まるごとガイドシリーズ

○一冊で資格のいかし方、職場生活の実態、将来性、資格取得情報を網羅。
○豊富な現場取材・客観的な統計・確かな情報で、職場のさまざまな現実と働く人の実感を伝える。

Ａ５判・全巻平均148頁
①、②、④〜⑳1500円　③1200円

❶社会福祉士まるごとガイド〔第3版〕　監修 日本社会福祉士会
❷介護福祉士まるごとガイド〔第3版〕　監修 日本介護福祉士会
❸ホームヘルパーまるごとガイド〔改訂版〕　監修 井上千津子
❹保育士まるごとガイド〔第4版〕　監修 髙橋貴志
❺理学療法士まるごとガイド〔第3版〕　監修 日本理学療法士協会
❻作業療法士まるごとガイド〔第3版〕　監修 日本作業療法士協会
❼看護師まるごとガイド〔改訂版〕　監修 田中美恵子
❽臨床心理士・公認心理師まるごとガイド　監修 亀口憲治
❾ケアマネジャー（介護支援専門員）まるごとガイド　監修 日本介護支援協会
❿ボランティアまるごとガイド〔改訂版〕　監修 安藤雄太
⓫栄養士・管理栄養士まるごとガイド　監修 香川芳子
⓬盲導犬・聴導犬・介助犬訓練士まるごとガイド　監修 日比野清
⓭言語聴覚士まるごとガイド　監修 日本言語聴覚士協会
⓮歯科衛生士・歯科技工士まるごとガイド　監修 日本歯科衛生士会／日本歯科技工士会
⓯福祉レクリエーション・ワーカーまるごとガイド　監修 日本レクリエーション協会
⓰精神保健福祉士まるごとガイド〔改訂版〕　監修 日本精神保健福祉士協会
⓱福祉住環境コーディネーターまるごとガイド　監修 高齢社会の住まいをつくる会
⓲義肢装具士まるごとガイド　監修 日本義肢装具士協会
⓳手話通訳士まるごとガイド　監修 日本手話通訳士協会
⓴保健師まるごとガイド　監修 全国保健師教育機関協議会

価格は本体価格

ミネルヴァ書房
http://www.minervashobo.co.jp/